河南省高速公路养护技术系列丛书

U0649324

高速公路
高性能薄层罩面技术
材料、设计与实践

郝孟辉　刘　娜　**主　编**
常兴文　刘廷国　**主　审**

人民交通出版社
北　京

内 容 提 要

本书全面介绍了高速公路高性能薄层罩面技术的理论基础与实际应用,内容涵盖了预防性养护技术的演变、优势、局限性和应用策略,以及高性能薄层罩面技术的发展历程和应用场景,详细分类了热拌薄层罩面技术、温拌薄层罩面技术、常温薄层罩面技术,并探讨了原材料的技术要求。书中还详细阐述了混合料组成设计,包括不同技术的具体设计步骤,并进一步详解了施工过程中的技术要求、准备流程、施工方法及质量控制措施,通过丰富的案例分析,展示了这些技术在多种环境下的应用成效。

本书可供从事研究、设计和施工工作的路基路面专业技术人员和科研人员参考使用,也可供高等院校研究生和高年级本科生学习参考。

图书在版编目(CIP)数据

高速公路高性能薄层罩面技术材料、设计与实践/
郝孟辉,刘娜主编. —北京:人民交通出版社股份有限
公司,2025.6. —ISBN 978-7-114-19772-7

Ⅰ. U418.6

中国国家版本馆 CIP 数据核字第 2024C8A703 号

Gaosu Gonglu Gaoxingneng Baoceng Zhaomian Jishu Cailiao Sheji yu Shijian
书　　名:高速公路高性能薄层罩面技术材料、设计与实践
著 作 者:郝孟辉　刘　娜
责任编辑:李明阳
责任校对:龙　雪
责任印制:张　凯
出版发行:人民交通出版社
地　　址:(100011)北京市朝阳区安定门外外馆斜街 3 号
网　　址:http://www.ccpcl.com.cn
销售电话:(010)85285911
总 经 销:人民交通出版社发行部
经　　销:各地新华书店
印　　刷:北京建宏印刷有限公司
开　　本:787×1092　1/16
印　　张:10.5
字　　数:143 千
版　　次:2025 年 6 月　第 1 版
印　　次:2025 年 6 月　第 1 次印刷
书　　号:ISBN 978-7-114-19772-7
定　　价:50.00 元

(有印刷、装订质量问题的图书,由本社负责调换)

本书编审委员会

主　　　编：郝孟辉　刘　娜

副 主 编：张　庆　张科飞

参编人员：董　是　钟　勇　杨发林　任永祥　余顶杰

　　　　　张丙炎　陈　杰　徐正阳　梅世浩　职子涵

　　　　　王　琨　题　晶　蒋浩浩　李　丛　袁　威

　　　　　刘津源　李红艳　潘广钊　胡冶耐　刘剑阳

　　　　　宋竞豪

主　　　审：常兴文　刘廷国

总　序
FOREWORD

在交通强国战略深入推进的时代背景下,高速公路作为国家综合立体交通网的主骨架,其安全、高效运行对于保障国民经济发展、促进区域协同以及提升社会民生福祉具有至关重要的意义。河南省地处中原,是全国重要的交通枢纽,高速公路网络纵横交错,在连接南北、贯通东西的交通运输格局中扮演着关键角色。然而,随着交通流量的持续增长、重载交通的频繁作用以及自然环境的不断侵蚀,河南省高速公路面临着诸多养护难题与挑战。

河南省中工设计研究院股份有限公司工程养护团队精心编写的这套河南省高速公路养护技术系列丛书,犹如一场及时雨,为河南省乃至全国高速公路养护事业带来了全新的思路与方法。丛书涵盖高速公路路基应急养护专项工程设计、T型梁体外预应力加固设计与监测预警技术、高性能薄层罩面技术、交通安全设施改造技术、沥青路面养护施工技术与工艺等多个关键领域,是对高速公路养护技术的一次全面且深入的系统总结与创新探索。

在高速公路路基应急养护专项养护设计方面,丛书针对突发灾害及病害,提出了科学、高效的应急养护设计理念与方法。这些内容基于大量实际案例与研究成果,能够在灾害发生时迅速响应,为保障道路通行能力、减少经济损失提供坚实的技术支撑,有效提升了高速公路应对突发事件的能力。

T型梁体外预应力加固设计与监测预警技术的相关内容,聚焦桥梁结构安全,通过创新的加固设计方案与先进的监测预警技术,实现了对桥梁健康状况的实时监测与精准评估。这不仅延长了桥梁使用寿命,更极大地提高了桥梁在复杂交通环境下的安全性与可靠性,为交通运输安全筑牢了关键防线。

高性能薄层罩面技术、沥青路面养护施工技术与工艺的阐述,紧密结合材料科学与工程实践,在提升路面使用性能、延长路面使用寿命的同时,有效降低了养护成本,提高了养护效率。这些技术的推广与应用,对于实现高速公路养护的可持续发展具有重要意义。

交通安全设施改造技术的研究成果,充分考虑了交通安全的重要性。对交通标志、标线、护栏等设施的优化设计与改造,能够显著提高道路交通安全水平,减少交通事故的发生,为广大司乘人员的生命财产安全提供有力保障。

这套系列丛书的出版,不仅是课题组多年来在高速公路养护领域辛勤耕耘、潜心研究的智慧结晶，更是行业提供了一套具有重要参考价值和实践指导意义的技术宝典。它凝聚了众多专家学者和一线技术人员的心血，反映了当前高速公路养护技术的前沿水平，对于推动我国高速公路养护技术的进步与发展，培养专业技术人才，具有不可估量的价值。

希望这套丛书能够成为广大交通领域科研人员、工程技术人员以及相关专业师生的良师益友，为我国高速公路养护事业的发展注入新的活力，助力我国交通强国建设迈向新的高度。相信在这套丛书的启发与引导下，将会有更多的科研成果与实践经验不断涌现，共同推动我国高速公路养护技术迈向更高水平，为国家交通事业的繁荣发展作出更大的贡献。

2025 年 4 月

前　言
PREFACE

交通基础设施建设是经济发展的重中之重,《交通强国建设纲要》明确提出,"到本世纪中叶,全面建成人民满意、保障有力、世界前列的交通强国",同时要"强化交通基础设施养护、加强基础设施运行监测检测,提高养护专业化、信息化水平,增强设施耐久性和可靠性"。

近年来,随着社会经济的发展,交通运输事业发展迅猛,尤其是超载、重载及交通量急剧增加,已经有相当数量的高速公路沥青路面达到了使用寿命,虽然路面结构性完整,但路用性能已经大幅降低,甚至无法满足使用要求。而传统的路面铣刨重铺的养护方式,不仅耗费巨大的人力物力,还会破坏原有完整的路面结构,造成极大的浪费与环境污染。因此,针对路面结构完好但表面功能有所降低的高速公路,在原沥青路面上加铺一层高性能薄层罩面以恢复其表面功能,提高路面抗滑性、平整度及舒适性,已经逐渐成为主流的高速公路路面养护方式。

本书围绕高速公路沥青路面绿色低碳养护的核心需求,系统构建了以温度梯度为分类基准的高性能薄层罩面技术体系,提出从决策选型、材料设计到施工运维的全链条解决方案。本书通过整合热拌薄层罩面技术、温拌薄层罩面技术、常温薄层罩面技术三类技术,突破传统养护技术高耗能、长周期、低适配的局限,实现结构完整路面功能再生的精准化养护。

全书以"性能提升—场景适配—工艺创新"为主线,首创了基于多维度决策模型(交通荷载、气候条件、预算约束及路面性能)的技术选型方法,建立了涵盖开级配磨耗层(Open-Graded Friction Course,OGFC)、沥青玛琋脂碎石混合料(Stone Mastic Asphalt,SMA)、Nova Chip等主流工艺的技术图谱。在材料科学层面,本书提出"空隙率-级配-沥青用量"协同优化设计理论,开发温敏性沥青改性技术,使薄层罩面抗滑性能与抗车辙能力达到较为领先的水平。施工工艺方面,本书创新了精铣刨梯度控制、温拌时序投料、冷拌阶梯碾压等核心技术,形成了覆盖热拌、温拌、冷拌的全温域施工标准体系。通过工程项目的实证研究,本书构建了国内首个包含5年跟踪数据的性能数据库,揭示了薄层罩面技术全生命周期成本较传统工艺的核心优势。本书特别提出"预防性养护窗口期"的概念,量化不同技术组合的经济效益拐点,为养护决策提供科学依据。本书集成多项关键工艺参数,形成标准化指南,为公路养护从粗放式经验决策向精细化科学管理转型提供了理论支撑与实践范本。

本书由郝孟辉、刘娜担任主编,张庆、张科飞担任副主编,常兴文、刘廷国担任主审。具体编写分工如下:

第 1 章由董是完成;第 2 章由钟勇、杨发林完成;第 3 章由余顶杰、任永祥、陈杰完成;第 4 章由徐正阳、张丙炎、梅世浩完成;第 5 章由潘广钊、职子涵完成;第 6 章由王琨、题晶完成;第 7 章由李丛、刘剑阳、蒋浩浩完成;第 8 章由刘津源、李红艳、胡冶耐完成;第 9 章由宋竞豪、袁威完成。

本书的出版得到了人民交通出版社股份有限公司的大力支持,在此表示衷心感谢!同时,本书在编写过程中参考了大量国内外书籍、文献,在此谨向文献作者表示崇高的敬意和衷心的感谢!

由于编者知识水平和经验有限,书中难免有不足之处,敬请各位专家及同行批评指正,特此致谢!

编　者

2024 年 5 月

目　录
CONTENTS

第1章

高性能薄层罩面技术概述

公路作为现代交通体系的重要组成部分,不仅起着连接交通网络节点的作用,更是经济发展和社会进步的重要支撑。随着交通流量的增加和车辆载重量的提升,公路养护工作越发重要。

传统的公路养护方式通常是在问题出现后才进行修复,这不仅会消耗大量资源,还可能影响交通的正常运行。因此,在早期阶段识别并预防公路病害,以减少维修成本、降低对交通的影响,成为公路养护的新方向。预防性养护技术能有效解决上述问题,其强调对公路使用过程中可能出现的问题进行早期干预和处理,从而防止问题进一步恶化[1]。

与传统的修复型养护相比,预防性养护技术更具前瞻性和经济效益,但该技术在现代公路养护中的应用仍存在一些不足,因此,需要对该技术的具体应用进行进一步的研究。

1.1 预防性养护技术的发展历程与应用

预防性养护技术是一种强调在病害早期甚至在病害出现之前便进行干预的公路养护技术。预防性养护技术以系统工程理论和风险管理理论为指导,强调主动性和预见性,旨在通过科学的预测和分析提前对公路可能出现的病害进行预防性处治,以延长公路的使用寿命,降低整体维修成本[2]。

预防性养护可根据实施时机和实施手段的不同,进一步细分为多个类别。

基于实施时机，预防性养护可分为定期预防性养护和条件驱动预防性养护。定期预防性养护按照预定的时间周期进行，条件驱动预防性养护则根据道路的实际状况进行养护作业。

基于实施手段，预防性养护可分为物理手段养护和化学手段养护两种。物理手段养护包括冲洗、打磨、密封等，化学手段养护则包括应用各种化学材料对公路进行处理和保护。

预防性养护技术融合多项科学原理和技术，形成了一套连贯的理论体系。

首先，预防性养护技术借鉴系统工程理论，将公路视为一个互相关联、整体运作的复杂系统，通过对整个系统的监控和管理，及时发现并解决潜在问题，从而保证公路的持续、稳定运行。

其次，预防性养护技术借鉴风险管理理论，对各种可能导致公路劣化的风险因素进行全面评估和管理，能在病害变得严重之前进行干预，从而实现更为高效的资源利用，降低维护成本。

再次，大数据和人工智能技术的运用能够为预防性养护决策提供科学依据，通过对大量公路使用数据的分析，可以对公路的劣化趋势进行精确预测，以便及时采取养护措施。

最后，新型材料的研究和应用为预防性养护提供了更多可能性，如耐用、自愈合材料能够进一步提高公路的耐久性和抗劣化能力。

综合来看，预防性养护技术将这些科学原理和技术有机结合，形成了一种全新的、前瞻性的公路养护方法。

1.1.1　预防性养护技术的发展历程

20 世纪，美国首次提出了预防性养护这一概念。预防性养护技术通过控制施工质量，科学、周期性地检测路面的各项指标，并对检测结果进行有效的分析、处理、预测，能够有效地发现道路病害情况并及时找出原因，且能够马上修复，从而达到延长道路的使用年限、减少大修或中修次数的目的。预防性养护技术是从道路的预防性养护、维修性养护、道路面层翻修、重建道路四个方面来阐述的。法国等欧洲国家通过特定的系统对道路使用状况进行整体性监控，非洲一些国家通常的路面养护措施是根据道路条件和表面密封技术来进行选择的。

我国提出预防性养护的概念是在 2000 年之后，由上海市政工程设计研究总院（集团）有限公司首先正式提出，并进行了早期沥青路面预防性养护问题的相关研究。直到 2002 年，我国正式提出了预防性养护的概念。从 2002 年预防性养护的概念正式提出之后，交通部（现为交通运输部）等部门也加大了对沥青路面预防性养护技术的研究。《公路养护技术标准》（JTG 5110—2023）要求公路养护工作贯彻的方针是"预防为主、防治结合、科学决策集约高效"，这也体现了预防性养护的要求。[3]

我国高速公路的不断发展也带动了养护技术的不断进步。计算机的普及以及相关软件的开发与应用也促进了路面管理系统的发展。在大规模路网建成之后，人们越来越重视路面养护,对路面养护技术的研究也越来越多。目前,预防性养护还存在诸多问题,未来还有很大的提升空间,可从以下方向进行突破与创新。

(1)多阶段预防性养护决策体系的研究。

预防性养护技术是多阶段、系统性的养护策略,养护工作因为整个路面使用寿命不同、不同时期的病害不同,第一阶段预防性养护之后仍然会存在诸多问题,因此,研究多阶段的预防性养护将是未来的趋势。

(2)最佳养护时机判断的理论。

现在关于最佳养护时机判断的理论大多数是基于效益–费用理论,需大量数据支撑,可是我国缺少相关数据,给这一理论的应用与发展带来了阻碍。进一步研究最佳养护时机判断理论,将会给预防性养护带来重大突破。

(3)预测模型的准确性和可靠性。

路面管理系统(Pavement Management System,PMS)运用计算机技术对路面进行综合评价,包括养护、预测、分析等。目前,国内外有一些路面管理系统,如我国的中国路面管理系统(China Pavement Management System,CPMS)、美国的 PAVER 路面管理系统、芬兰的公路路面管理系统(FPMS)、世界银行的公路投资效益分析模型 HDM-Ⅲ等。这些研究都致力于提高模型的可靠性和分析的准确性,而提高和优化模型与实际情况的相符度,也有利于预防性养护的实施。

(4)预防性养护技术的发展。

研究新型的预防性养护技术也是未来的发展方向。除传统养护方法以外,研究磁感应加热愈合技术、自愈合技术等其他新型预防性养护技术。技术的突破有利于沥青路面使用寿命的延长和养护成本的减少。

(5)检测技术的进步。

检测技术的进步,使数据采集和分析更加方便快捷、有效、可靠。大数据技术可支撑路面管理系统的建立。

1.1.2 预防性养护技术的应用优势

(1)提高公路使用寿命和减少维修成本。

传统的修复型养护通常是在病害出现后进行修复,这种方法虽然能够解决当前问题,却忽视了问题的根源。一旦病害发展到严重阶段,修复难度和成本将大大增加。而预防性养护主要是采用先进的检测和分析手段,在公路早期阶段进行探测、检测和分析,以便在病害出现的初期阶段及时采取干预措施。这种早期干预不仅能够阻止病害进一步加重,延长公路使用寿命,还能显著降低整体维修成本[4]。

此外,预防性养护注重对整个公路系统的综合管理,通过定期检查和评估,确保公路系统的各个部分良好运作,不仅有助于提高公路的整体性能和维修的可靠性,还能够避免突发问题导致的紧急维修,实现资源的有效利用,避免资金浪费。

（2）缩短维修时间、提高交通效率。

首先，预防性养护技术不仅有助于延长公路的使用寿命、降低维修成本，还能缩短维修时间、提高交通效率。传统养护模式一般是在公路病害明显显现后进行修复，不仅会加大工程难度，还可能导致交通长时间中断；不仅会影响交通的正常运行，还可能对周边经济活动造成不利影响。相比之下，预防性养护技术通过对公路状态的持续监测和评估，使养护人员提前了解公路可能出现的病害问题，并进行早期干预。这种提前干预的方法有助于合理制订维修计划，在非高峰时段进行养护施工，从而最大限度地减少对交通的干扰。

其次，预防性养护技术能通过精确诊断定位病害根源，使修复工作更加精确、高效，进一步缩短养护时间。

最后，预防性养护技术还能与现代交通管理系统相结合，通过大数据分析和智能算法，实时调整交通流量。这样不仅能使养护工作更为灵活，还能有效提高整个交通系统的运行效率[5]。

（3）提升公路安全性。

预防性养护技术在提高公路安全性方面发挥着重要作用。预防性养护技术通过对道路状况的实时监测和分析，能够及时识别和干预潜在的安全隐患，如公路表面的裂缝、凹陷等，有助于保护驾乘人员和行人的安全。与此同时，预防性养护技术还可以提前预警不稳定或危险的公路状况，如湿滑、结冰等，从而降低事故风险，不仅能降低交通事故发生率，还有助于指导冬季除冰除雪等紧急响应[6]。

此外，预防性养护技术还包括对交通标志、信号灯、照明系统等关键交通附属设备的维护，进而更好地引导和管理交通流量，改善夜间驾驶的可见度和舒适度等，从而进一步降低交通事故发生率。

1.1.3 预防性养护技术的局限性

（1）技术难题与实施挑战。

首先，早期检测准确性问题是一大难题。预防性养护依赖于对潜在病害的早期检测和识别，对检测的分辨率和敏感度要求极高。但当前在道路裂缝早期检测方面，现有的检测设备难以捕捉到微小的裂纹和缺陷，可能导致一些隐患被忽略，进而影响预防性养护实施时机的确定。

其次，预防性养护技术所需的高精度检测设备和分析工具通常成本较高，高昂的初始投资和运行维护成本在一定程度上阻碍了该技术的广泛应用。

最后，现代公路系统的复杂多样性给预防性养护技术的实施带来了挑战。预防性养护技术与既有道路维护策略和设备集成可能会遇到一系列技术和管理难题，需要精准分析和考量不同地区道路结构、使用情况、环境因素等复杂变量。

为了解决上述问题，不仅需要开发多功能、智能化的检测设备和分析工具，还需要有完善的配套政策和法规支撑,以确保该技术的可持续推广和实施,促进预防性养护技术的广泛应用,提升公路养护效果和效率[7]。

(2)环境与社会因素的制约。

预防性养护技术在现代公路养护中的实施,除了面临技术和经济挑战,还受到环境与社会因素的制约。

一方面,环境因素对预防性养护技术的应用有一定的影响。例如,在多雨或极寒地区,公路早期病害检测和处理可能面临更大的困难。地理位置和周围环境对养护技术的应用也有显著影响。例如,在城市密集区域和偏远地区,所采用的预防性养护技术可能截然不同,养护施工的实施难度也会有所不同。

另一方面,社会经济发展水平、地方政府财政能力以及当地社区的支持力度等社会因素会对预防性养护技术的推广和应用产生影响。在经济发展较为滞后的地区,尽管预防性养护可以节省后期的维修成本,但高昂的初始投资和技术支持成本可能会限制该技术的应用。此外,如果当地社区缺乏对预防性养护重要性的认识和支持,也会对该技术的推广产生阻碍[8]。

(3)法规、政策与标准的制约。

第一,既有交通法规和标准未结合预防性养护技术的特点进行完善、更新,可能阻碍预防性养护技术的广泛实施。例如,某些现行法规要求在道路出现明显缺陷后进行维修,而未提供早期干预和预防维护的合法依据。

第二,政府在推动预防性养护技术方面可能缺乏明确的政策支持和方向指引,缺少明确的激励机制、资金支持和推广计划,可能导致该技术在公路养护中的应用受限。例如,缺乏针对性的税收优惠、补贴或资金支持,可能会限制该技术的应用。

第三,预防性养护技术在实施过程中可能面临缺乏统一标准和认证体系的问题。例如,现有的国际或国内标准可能未涵盖对预防性养护技术的具体要求和评估准则。此外,缺乏针对预防性养护技术人员的专业培训和认证机制,也可能影响技术应用效果。

1.1.4 预防性养护技术的应用策略

(1)实施定期和条件驱动的维护计划。

定期维护计划应基于公路资产的使用寿命和性能退化模型来制订,这要求公路管理人员深入分析公路资产的历史性能数据,以确定最佳的维护周期。例如,对于高速公路沥青路面,可能需要每隔 3~5 年进行一次重覆盖铺筑或大修;对于城市道路,则需要更频繁的表面处理和裂缝修补。

条件驱动的维护计划更加灵活,依赖于实时或近实时的路况监测数据来触发维护活动。为此,需要部署高精度的监测设备,如振动传感器、声波探测器和光学扫描仪,以及采用先进的数据分析技术,如机器学习和模式识别算法。通过这些技术实时监控路面状况,如车辙、沉降和裂缝的发展,从而在病害初期进行干预,避免小问题演变成大问题,减少维护成本、延长公路使用寿命。此外,定期维护和条件驱动维护计划还应包括对环境和交通负载因素的考量。例如,在冬季和雨季,由于路面条件更易恶化,需要提高维护频率,且更注重时效性。在交通负载较重的地区,维护计划则需要考虑交通流量和车辆类型的影响,以及如何在不影响交通的情况下进行有效维护。

(2)优化养护材料。

材料选择不仅关乎路面的即时修复效果,更会影响道路的整体耐久性和未来的养护成本。因此,在选择养护材料时,工程师必须综合考虑路面的使用条件、预期寿命及环境影响等因素[9]。

对于承受重载交通的公路,建议使用高性能改性沥青混合料。这类材料通过添加聚合物改性剂或采用特殊的沥青配方,可显著提高混合料的抗剪切变形能力、抗疲劳性和抗温度敏感性。特别是在温度波动大的地区,改性沥青的应用能够有效抵抗极端气候对路面的损害,从而减少温度引起的裂缝和车辙。

针对易受水损害的区域,采用高渗透性和自修复混凝土材料,可以有效降低侵蚀和冻融循环对路基的影响。这些混凝土材料通常含有特殊的添加剂,如晶体生长型自修复剂,它们遇水后能在裂缝表面形成结晶体,阻止水分进一步侵入。这种自修复混凝土不仅能提高路面的防水性能,还能在一定程度上自我修复微小裂缝,延长路面使用寿命。此外,从绿色养护的角度来说,建议使用由回收材料制成的沥青混合料,这类材料不仅能够减少对新鲜原材料的需求,还能减少建筑废弃物的处理量。

(3)完善相关法规与政策,促进预防性养护技术的应用。

在当前的公路养护体系中,很多法规和政策仍以传统的修复性养护为主,并未充分考虑和支持预防性养护技术的应用。因此,需要针对预防性养护的特点和需求,对相关法规和政策进行相应的完善。

第一,建立明确的政策导向。政府部门应明确支持预防性养护技术的发展和应用,将其纳入公路养护发展的总体规划和战略。政策要明确鼓励和支持创新研发,推动预防性养护技术的不断进步。

第二,建立科学评估体系。制订科学的评估指标和方法,对预防性养护效果进行评估,从而为决策提供可靠依据。评估内容应包括技术效果、经济性、社会效益等方面,全面衡量预防性养护技术的综合效益。

第三,加强专业培训和技术支持。为公路管理部门和从业人员提供针对性的培训,提高其对预防性养护技术的认知和应用能力。同时,加强与科研机构的合作,提供技术支持与指导,推动预防性养护技术的创新与推广。

第四,强化监督与管理。加强对预防性养护技术应用过程的监督与管理,确保其安全性和可靠性。同时建立奖惩机制,对单位和个人在预防性养护技术应用中取得的突出成绩进行奖励,推动技术的持续改进和优化。

总体而言,预防性养护技术在现代公路养护中展现出了显著优势,特别是在延长公路使用寿命和降低维护成本方面。尽管存在一些实施难题,但通过持续的技术创新、政策支持和管理改进,预防性养护技术在未来的公路养护实践中会发挥更重要的作用。未来的研究应集中在提高技术的经济性和适用性上,同时,大数据和人工智能技术的应用可为预防性养护技术的发展和应用提供新的动力和方向[10]。

1.2 高性能薄层罩面技术的发展历程与应用

法国早在20世纪70年代就开始研究薄层沥青混凝土面层(BBM),并逐步大规模应用于法国与西班牙高等级道路的路面养护。BBM可恢复原有路面功能特性与延长路面使用寿命;同时由于厚度的减小,BBM在提高维修效率与降低维修成本方面有较大的优势。随后,随着对薄层罩面技术研究的发展与改性沥青技术的逐渐成熟,薄层罩面沥青混凝土的厚度进一步减小。法国研究院在20世纪80年代提出了20~30mm厚的特薄沥青混凝土面层(BBTM)[11],在90年代提出了只有10~25mm厚的超薄沥青混凝土面层(BBUM)。欧洲在2016年制定了相关标准,规定了这种超薄沥青混凝土罩面的材料的铺设要求[12]。

德国在20世纪60年代发展出沥青玛琋脂碎石混合料(Stone Mastic Asphalt,SMA)。SMA采用间断级配形成的骨架密实型结构,可以很好地抵抗高温车辙,具有良好的路用性能与行车安全舒适性,在欧美国家得到了广泛应用与研究[13-14]。Allen Cooley Jr L等对SMA用于薄层罩面的可能性进行了相关研究,认为最大公称粒径为4.75mm与9.5mm的SMA薄层罩面具有良好的抗车辙性能与耐久性[15]。

英国的薄层罩面技术在法国研究成果的基础上发展而来。在20世纪90年代英国开始铺筑极薄表层罩面(Very Thin Surface Layers,VSTL)与超薄热拌沥青罩面(Ultra Thin Hot-mix Asphalt Layers,UTHMAL)两种材料的试验路。经过一段时间的路面性能监测,UTHMAL对路面平整度、行驶质量、低速抗滑性能与构造深度具有良好的恢复作用,且铺设成本相较传统沥青面层节省0.7~1.6英镑/m²。但UTHAML也存在恶劣天气施工段落混合料出现松散剥落、高速抗滑性能欠佳、构造深度早期下降过快等问题[16]。

瑞典于1999年开始在首都斯德哥尔摩铺筑薄层沥青混凝土试验路,级配类型为间断级配的ABS11,设计空隙率在2%~4%范围内[17],随后逐渐采用TSK11作为薄层罩面使用;波兰研究和发展了MNU薄层罩面沥青混凝土,MNU11的铺筑厚度宜在15~35mm范围内,由于采用了间断级配与富沥青的设计,MNU11具有良好的抗车辙能力与水稳定性。

美国一些地区于1950年开始使用开级配磨耗层(Open-Graded Friction Course,OGFC)作为道路表面层,其开级配形成的骨架空隙结构内部空隙率为15%~22%,可迅速排除道路表面积水,有效降低雨天路面雨雾、提高高速公路抗滑与降噪性能[18]。但OGFC使用早期容易出现混合料析漏、松散脱落、氧化老化、灰尘杂物堵塞空隙导致排水降噪性能下降等问题。之后,随着薄层技术与沥青技术的发展,美国学者提出使用高质量集料与改性沥青,改进出AR(Asphalt Rubber)-OGFC高等薄层罩面[19,20],在美国、日本、新加坡等国家广泛使用。

法国的 SCREG Routes STP 在 1986 年还开发出 Nova Chip 超薄磨耗层技术,对于改善旧路功能、优化路面抗滑与降噪性能、提高路面构造深度与平整度具有良好的效果。Nova Chip 超薄磨耗层技术与其摊铺设备于 1992 年被引进美国,路易斯安那州铺筑的首个 Nova Chip 项目经过数年的考察发现,在国际平整度指数、抵抗车辙,以及纵向、横向、随机裂缝方面的表现均令人满意,且在生命周期内可节约成本约 3.34 美元/平方码[21]。Nova Chip 超薄磨耗层技术发展至今已形成成熟的技术体系。根据项目要求与铺筑厚度的不同,Nova Chip 按级配类型分为 Type-A、Type-B 与 Type-C 三种,使用专用摊铺设备 Nova Paver 进行同步 Nova-Bond 黏层油洒布与沥青混合料摊铺。

我国沙庆林院士在 1988 年研发出多碎石历青混合料 SAC,采用中断级配类型(大于 4.75mm 颗粒占 70% 或 65%),主要作为磨耗层提高高速公路路面抗滑性能[22]。后来,一些学者针对性地提出适用于超薄层沥青混凝土的级配曲线[23],但在后续的应用中 SAC-10 薄层罩面出现施工离析和后期裂缝等严重问题,限制了其广泛应用[24-28]。

1.2.1 高性能薄层罩面技术应用背景

如上节所述,薄层罩面是一种传统的养护技术,在发展过程中遇到了诸多问题,主要是由于铺层薄、散热快,吸收压实功的能力差,通常不能采用振动压实,因而难以获得强度和耐久性要求的最佳空隙率。由于这一原因,美国许多州都将薄层罩面的厚度增加至 38mm,该值成为最常用的薄层罩面厚度。但是随着厚度的增加,造价也相应增加。在 20 世纪 80—90 年代,对薄层罩面结构厚度与集料公称最大粒径(NMAS)比例的要求为 1.5:1 ~ 3.0:1,混合料的粗集料较多,吸收压实能量的能力差,施加过多压实功将导致大量粗集料被压碎,因而不能满足 25mm 薄层罩面的要求。除此之外,薄层罩面与原路面界面的应力负荷过大和层间结合不良,也是薄层罩面容易出现的问题[29]。

由于以上问题,常规薄层罩面难以获得良好的经济效益。在 20 世纪 80—90 年代,薄层罩面的平均寿命通常只有 4 ~ 6 年,面对迅速发展的微表封层技术,显得缺乏竞争力。

美国 SHPP 计划的 H-101 课题"路面预防养护的有效性"对四种传统的预防性养护技术进行了试验研究。随后的路面长期性能(LTPP)研究项目 SPS-3 对这四种养护技术的效果进行了长期跟踪分析,结果表明:只有在干燥、严寒地区,薄层罩面与微表封层相比才有一定的优势,在其他气候条件下,薄层罩面的经济效益远不如微表封层,具体见表 1-1。

各种表面处理技术与石屑封层的年费用之比　　表 1-1

表面处理技术类型	气候区域			
	干燥有严寒	干燥无严寒	潮湿有严寒	潮湿无严寒
裂缝填封	0.10 ~ 0.20	0.20 ~ 0.50	0.10 ~ 0.30	0.20 ~ 0.40
稀浆(微表)封层	2.50 ~ 12.60	2.70 ~ 5.80	0.75 ~ 3.50	1.10 ~ 2.00
石屑封层	1	1	1	1
薄层罩面	2.10 ~ 4.60	4.80 ~ 5.80	1.30 ~ 2.10	1.60 ~ 7.00

进入 21 世纪后,得益于许多新技术的应用,薄层罩面技术有了很大的进步,在大交通量道路的预防性养护中广泛应用。20 年来,薄层罩面技术的发展主要表现在以下方面:

(1)受 20 世纪 90 年代超薄磨耗黏结层技术的启发,采用 SBS 含量 5% 以上的高性能改性沥青、橡胶沥青等高黏度结合料来改善集料颗粒之间的结合强度;采用高性能、无轮迹的改性乳化沥青提高单位面积的洒布量,改善薄层罩面与原路面之间的黏结强度;新的胶结料、添加剂、纤维等材料也提高了常规薄层罩面尤其是热拌薄层罩面的力学性能与路用性能,达到了目前大交通量道路的预防性养护的应用标准[30]。

(2)采用比 NMAS 更小的集料进行热拌沥青混合料配合比设计,将密级配混合料铺层厚度与 NMAS 之比加大为 3:1 ~ 5:1。细级配沥青混合料不仅更加容易压实,而且在同样的空隙率下,细料和沥青的堵塞作用降低了连通空隙的比例,从而大大降低了密级配混合料透水的风险。图 1-1 展示了 NMAS 和空隙率对混合料透水性能的影响。由图 1-1 可知,对于 NMAS 为 4.75mm 的混合料,在空隙率为 8% ~ 10% 时仍然是不透水的,而 NMAS 为 9.5mm 的混合料在空隙率为 9%,NMAS 为 12.5mm 的混合料在空隙率为 7% 时,NMAS 为 19mm 的混合料在空隙率为 6% 时,都是明显透水的[31]。

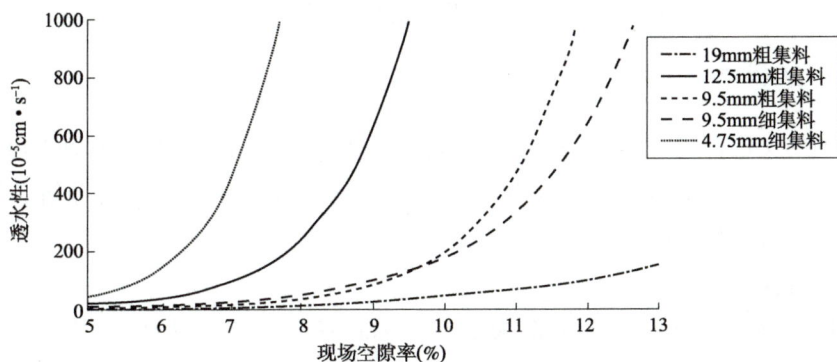

图 1-1　NMAS 和空隙率对混合料透水性能的影响

(3)在混合料设计方面,除了传统的密级配混合料外,大量采用了 SMA 等骨架密实型间断级配混合料,大大改善了薄层罩面抗车辙的能力。

(4)在施工方面,采用对改善薄层罩面压实质量有重要影响的新技术。一是利用温拌技术来降低对混合料压实温度的要求,通常厚度为 25mm 的薄层罩面压实温度从 150℃ 下降至 80℃ 的时间要比厚度为 40mm 的常规沥青路面磨耗层快 1 倍[32],采用温拌沥青混合料可以大幅延长混合料的可压实时间,甚至可以采用冷拌沥青混合料薄层罩面增加施工的和易性并且能较好地控制薄层罩面的施工质量。二是采用高频振动压实、振荡压实、智能压实等新的压实技术来降低过度压实的风险。其中,振荡压实由于没有垂直方向的振动,滚轮不会脱离路面,更加适合薄层罩面压实。

以上这些新技术的应用使薄层罩面的概率寿命延长至 8 ~ 10 年,大大改善了薄层罩面的经济效益,也为进一步减小薄层罩面的厚度提供了条件。

采用常规摊铺设备铺筑高性能薄层和超薄层罩面,就是美国密歇根、得克萨斯等州在上述背景下开发的预防性养护新技术。最初将此种超薄罩面称为裂缝衰减型混合料超薄罩面(Crack Attenuating Mix Ultra Thin Overlay),以示与常规密级配混合料超薄罩面的区别,从2015年起改称高性能超薄罩面(High Performance Ultra Thin Overlay)[33]。

我国高速公路沥青路面结构的设计使用寿命为10~15年,随着道路使用期的延长,已经有相当数量的沥青路面达到了使用寿命,面临大规模养护维修[34]。公路养护工作正逐渐受到各级公路管理部门的高度重视,高速公路的发展正在经历从建设为主到建设和养护并重的过渡,并将很快转变为以养护为主的发展模式。各种养护新理念、新工艺、新材料和新设备的不断涌现强有力地推动了沥青路面养护技术及管理模式的发展[35]。因此,近年来国内薄层罩面技术尤其是高性能超薄罩面发展迅速,出现了不同类型的高性能超薄罩面技术,如 UTAC 超薄罩面、ARC 抗裂薄层罩面、易密实薄层罩面 ECA-10、降噪抗滑薄层罩面、ZTS耐久型罩面、DCT 超黏极薄罩面、复合式冷拌树脂碎石薄层罩面等,这些技术都处于应用效果尚待充分验证的阶段。同时,随着新材料、新工艺、新添加剂的应用,OGFC 超薄磨耗层、SMA 超薄磨耗层、Thus 极薄磨耗层、Nova Chip 超薄磨耗层的性能也明显提升,在高速公路的预防性养护作业中作为高性能薄层罩面技术进行应用。

1.2.2 高性能薄层罩面技术工程适用性

针对不同的交通荷载、气候条件、路面技术状况以及施工预算,应选择不同的高性能薄层罩面技术,因此,本节对各种高性能薄层罩面技术的工程适用场景进行分析总结,方便设计及管养单位进行养护策略的选择。

(1)OGFC 超薄磨耗层。

开级配抗滑磨耗层铺设厚度一般为 1.5~3cm,只作为路表功能层,空隙率为 15%~25%。OGFC 用于路面养护最大的优点是车辆行驶安全舒适、路面排水迅速,减少雨天行车水雾、减小路面噪声等。研究表明,当空隙率为 20% 左右时,其渗透系数通常为 $(4~10) \times 10^{-2}$ cm/s,如此高的空隙率和路面渗透系数为路面提供了排水通道,使雨水能迅速下渗,从路边缘排出。另外,OGFC 具有较粗糙的宏观纹理,能够储存部分来不及排走的雨水,因此,减少了路面水膜给行车带来的危害。路面不积水,雨天不产生行车水花和水雾,降低了雨天行车反光量,而且抗滑能力强,大大提高了交通安全性。但是,OGFC 路面的排水抗滑性能在使用过程中随空隙率降低而逐渐降低,严重时会影响 OGFC 路面的施工质量及其耐久性。综上,OGFC 超薄磨耗层适用于南方潮湿多雨且基本没有冰冻季节的地区[36]。

(2)SMA 超薄磨耗层。

在高速公路养护中采用 SMA-10 超薄磨耗层,其主要的应用价值体现在以下几个方面:第一,SMA-10 超薄磨耗层摊铺速度更快,所需施工时间更短,不影响高速公路的正常使用,避免交通延误。第二,SMA-10 超薄磨耗层可用于桥梁维护、城市快速路和高速公路维护以及隧道维护。SMA-10 超薄磨耗层还能赋予高速公路良好的抗渗性,高黏乳化沥青层使防水效果显著提升。第三,SMA-10 超薄磨耗层结构整体性强,上下层之间能够构成一个完整的结构。第四,SMA-10 超薄磨耗层还具有较强的高纹理特性,可降低高速公路因雨、水雾等天气产生的侧滑危害,极大地提升了高速公路的安全性。第五,与普通沥青混凝土(Asphalt Concrete,AC)相比,SMA-10 超薄耗层还可以降低高速公路的噪声。计算显示,每采用 1m² 的 SMA-10 超薄磨耗层,能够降低噪声 2 ~ 3Bd,这是因为它的颗粒尺寸可以为 60% ~ 70%,而且十分均匀,紧密性好。第六,SMA-10 超薄耗层是一种超持久的表层,其热稳定性、抗裂性、抗滑性及抗磨损性均较好,能够有效防止车辆行驶过程中出现交通事故,提高行车安全。第七,SMA-10 超薄磨耗层不仅可以用作新修路面层,还可以对原有的高速公路进行修补,通常可以将高速公路的使用年限延长 3 ~ 5 年。因此,在高速公路预防性养护、轻微病害的矫正性养护中,通常会使用 SMA-10 超薄磨耗层[37]。

(3)Thus 极薄磨耗层。

Thus-12 极薄磨耗层是在超薄磨耗层基础上提出的道路养护技术,通过复配改性沥青添加剂、高强改性乳化沥青黏结剂的研发,制备出厚度为 12mm 的极薄磨耗层,达到减材、降噪、增强安全性的目的,为道路养护提供了更多的选择。Thus-12 极薄磨耗层主要用于高等级道路的预防性养护和非结构损坏的养护。该技术具有快速施工和开放交通的特点,能极大地改善道路表面功能,提高路面抗滑性和平整度,减少路面积水,增强行驶安全性,实现节能环保[38]。

(4)Nova Chip 超薄磨耗层。

Nova Chip 超薄磨耗层主要应用于交通流量较大、对路面要求较高的路面,可以对沥青路面或水泥路面进行预防性养护,并对一些早期病害及时进行处治,尤其是对于本身使用年限较长、较为平整的路面,可以进一步提升路面的平整度和光滑度,对路面外观进行进一步修正。与此同时,Nova Chip 超薄磨耗层也可用于新道路的养护,可以在新道路表面铺设一层磨耗层,提升路面的耐磨性能。在超薄磨耗层中,将间断级配改性热沥青混合料在乳化沥青黏层膜上进行均匀摊铺,整个混合料的厚度保持在 20mm 即可。完成后,采用专门的摊铺设备,使摊铺和喷洒过程可以始终保持统一步调。最后,采用压路机进行压实,使整个路面的磨耗层成型。通过这一方式,路面抗滑性能可得到提升,有效降低噪声,而且在施工过程中可以灵活选择时间,对周围环境和交通产生的影响都较小[39]。

Nova Chip 超薄磨耗层多应用于日常公路养护、预防性养护、城市道路养护、桥面加铺、隧道加铺,尤其适用于路面细集料轻微剥落、表面麻面、沥青胶结料丧失的情况。从公路建设-养护全生命周期来看,该技术的应用能够显著降低养护成本,提高路面的抗滑系数和路基路面的防水能力,但该项施工工艺只能起到预防路面老化的作用,并不能有效提高路面面层的结构强度[40]。

(5)DCT 超黏极薄罩面。

经 DCT 超黏极薄罩面技术处理后的高速公路路用性能将大幅提高,且病害得到改善,路面使用寿命延长,路面的抗滑、排水及降噪性能增强。因此 DCT 超黏极薄罩面可用于处理路面的车辙、裂缝、松散、泛油等病害,以及桥面铺装层的预防性养护工程。

（6）UTAC 超薄罩面。

超薄罩面混合料 UTAC-10 是一种针对交通负载大、路面性能要求高的道路而研发的新型道路表面处理材料,具有抗滑、抗磨耗、防水害的优良性能,主要应用于高等级沥青路面的预防性养护工程,也可以作为新建道路的表面磨耗层。UTAC-10 超薄罩面混合料由改性乳化沥青黏结层和间断级配改性沥青混合料组成。采用特殊配方的改性乳化沥青,具有优异的黏结性能,避免了超薄罩面层间黏结性差的问题;间断级配使混合料不仅具有良好的表面构造深度和优良的抗滑降噪性能,而且组成结构为密实结构,故又兼具良好的防水特性,抗水损害性能优于一般薄层罩面。

因此,UTAC-10 超薄罩面技术适用于路面非结构性开裂与车辙、摩擦系数不足、轻微且非反射性裂缝等病害的修复。UTAC-10 超薄罩面技术具体可以解决如下路面问题:①路面出现轻微到中等病害,需要进行经济有效的养护,以改善路用性能,延长其使用寿命;②路面光滑、摩擦系数不够或路面纹理深度不足,需要改善行驶质量;③路面出现轻度裂缝、轻微剥落等情况,需处理道路表面缺陷[41]。

（7）ECA 超薄罩面。

易密实沥青混凝土（Easy-Compact Hot-Mix Asphalt,ECA）超薄罩面是一种超薄沥青混凝土磨耗层技术,适用于路面较平整,车辙深度小于 20mm,无结构性破坏的高等级沥青或水泥路面预防性养护和轻微病害的矫正性养护,是一种提高表面层功能的养护维修措施。其技术优势包括:一是与 Nova Chip、SMA 等其他类型薄层罩面技术相比,造价较低,经济效益明显;二是施工工艺与常规沥青混合料一致,无须专用的摊铺设备,便于大面积推广使用;三是混合料中掺入了易密实剂,比常规热混合料更易于压实,泌水性更好,性能更稳定;四是粗集料含量高,表面摩擦系数大,抗滑性能较好;五是采用嵌挤型级配,且掺入了玄武岩纤维,抗车辙性能优异[42]。

ECA 超薄罩面技术适用于大多数沥青路面的预防性养护工程,路面出现以下六种情况都可适用:①裂缝从轻微到重度;②坑槽从轻微到重度;③车辙小于 2cm;④泛油从轻微到重度;⑤轻微不平整;⑥修补从轻到中等。

（8）加入温拌剂的超薄磨耗层。

加入温拌剂的超薄磨耗层具有密度低、降温快等优点,在路面修复中发挥着重要作用,能够解决受自然环境以及其他人为因素影响沥青路面容易出现的许多问题。因此,加入温拌剂的超薄磨耗层的应用主要针对路面车辙、裂缝和老化等问题,特别是在处理车辙问题时,原路面的车辙应相对稳定。该技术的主要应用范围为:①恢复公路结构,提高路面的防滑性,提高路面的使用功能;②处理车辙和裂缝;③保持原有路面,延长公路路面的使用寿命[43]。

（9）HVE 超黏磨耗层。

HVE 超黏磨耗层施工时的摊铺厚度仅为 1.15 ~ 1.35cm,而施工成型后的厚度也仅为 1.0 ~ 1.2cm,因此,适用于水泥混凝土路面、沥青混凝土路面、病害处理后车辙修复,也适用于桥面或隧道进行"白改黑"薄层罩面。此外,HVE 超黏磨耗层能够快速提升路面的平整度,对道路表面的纹理有较大的改善,增强了行车舒适性,同时降低了行车过程中的噪声,因此广泛应用于高速公路及市政道路。综上所述,HVE 超黏磨耗层具有较好的工作性能与施工便利性,可在省道、市政道路、高速公路等多种道路施工和养护中使用[44]。

(10)复合式冷拌树脂碎石薄层罩面。

随着桥面铺装使用寿命的延长,桥梁建设也逐渐从"以建为主"向"建管并重"方向转变。国内对钢桥面铺装养护项目的研究与实践起步较晚,预防性养护技术主要以沥青类材料为主,如雾封层、稀浆封层、微表处等。此类技术应用于环氧沥青桥面铺装尚缺乏深入系统的研究,最终导致铺装层渗透性不好,仅是表面封闭,对原铺装结构不能起到强度愈合的作用,很快产生二次开裂[45]。

因此,钢桥面铺装预防性养护技术照搬一般沥青路面预防性养护技术不可行。复合式冷拌树脂碎石薄层罩面能够延长环氧沥青钢桥面铺装使用寿命、提高行车安全性,因此该薄层罩面常用于桥面铺装,使用效果良好[46]。

(11)降噪抗滑薄层罩面。

降噪抗滑薄层罩面具有施工时中断交通时间短、延长路面使用寿命、改善路面平整度等优点,但普通的薄层罩面存在与原路面层间黏结性差、施工工艺不足等缺点。降噪抗滑薄层罩面目前没有统一的设计体系和标准,一般按照普通热拌沥青混合料的方法进行设计和评价,但热拌沥青混合料耗能大,污染环境,不符合我国绿色建设的发展理念,因此,性能优异的层间黏结料和冷拌冷铺薄层罩面应运而生[47]。

(12)ARC 抗裂薄层罩面。

抗裂(Anti-Reflective Cracking,ARC)薄层罩面是采用高性能聚合物改性沥青和高性能黏结剂拌和而成的热拌沥青混合料的沥青混凝土加铺结构层(厚度为 1.2 ~ 2.0cm),其摊铺工艺便捷灵活,既可采用分步摊铺工艺,也可采用同步摊铺工艺。与传统技术相比,ARC 抗裂薄层罩面表面粗糙,具有优异的抗滑性能;另外,其混合料具有较大的油石比,且沥青油膜厚度较厚,使得其具有优异的抗裂性能、抗拉拔性能、抗扭剪性能以及较长的使用寿命。除此之外,ARC 抗裂薄层罩面的降噪效果也较为优异。基于 ARC 抗裂薄层罩面的以上性能特点,其可广泛用作沥青混凝土路面和桥面的养护罩面、水泥混凝土路面和桥面的养护罩面,尤其是"白改黑"路面[48]。

(13)ZTS 耐久型罩面。

目前,薄层罩面技术认可度较高,但大部分超薄罩面技术需要使用专用材料和专用摊铺设备,造价较高。ZTS 耐久型罩面技术是一种基于直投式外掺剂的超薄罩面技术,拌和站无须特种沥青,只需在普通沥青混合料中投入 ZTS 高弹抗裂添加剂,即可生产出适合超薄罩面使用的沥青混合料,使用便捷,混合料生产施工各环节温度比常规 SBS 改性沥青降低 10℃左右,比目前主流超薄罩面混合料降温 20℃左右,可减少燃料消耗和有害气体排放,是一种可靠、经济、便捷、稳定的预防性养护技术,因此可广泛应用于经济不发达地区、无专用薄层罩面施工机械、对环保要求较为严格的市政道路、高速公路等多种道路的养护工程[49]。

第 2 章

高性能薄层罩面技术分类与材料要求

高性能薄层罩面技术经过多年发展,种类繁多,因此需要对其进行分类,以便描述其特点。

2.1 技术分类

按照高性能薄层罩面的拌和、施工温度及功能,将高性能薄层罩面技术分为热拌薄层罩面技术、温拌薄层罩面技术、常温薄层罩面技术、其他薄层罩面技术。

2.1.1 热拌薄层罩面技术

(1)OGFC 超薄磨耗层。

OGFC 超薄磨耗层是一种排水式磨耗层,其主要结构特征是空隙率高,设计空隙率一般大于 15%,具有优良的排水、抗滑、降噪等性能。但由于空隙率大、沥青用量少,OGFC 超薄磨耗层易出现松散、剥落等问题,必须选用性能优良的高黏度改性沥青作为结合料[50]。通常封层由最大公称尺寸为 9.5mm 和 12.5mm 的粒料,在沥青混合料厂与较高用量的沥青拌和而成,铺设厚度为 15～20mm。

(2)SMA 超薄磨耗层。

SMA 是一种间断级配的骨架嵌挤型密实结构的沥青混合料,由于具有良好的抗车辙能力和较高的抗滑性能,自1991年美国改进与创新以来,如今已在世界范围内尤其在我国得到广泛推广。SMA-10是一种断级配密实型沥青混凝土,与传统的连续密实型级配的细粒沥青混凝土相比,其构造深度大、密实性好,是目前超薄磨耗层常用的级配类型。对于SMA-10的矿料级配,常以控制关键筛孔通过率的方式来满足SMA-10的技术要求。最大公称粒径为9.5mm或4.75mm的"细"SMA混合料由于密实、降噪、耐久性及经济性方面的优点,是目前用于薄层沥青罩面的理想混合料[51]。

(3)Thus极薄磨耗层。

Thus极薄磨耗层主要应用于高等级道路的预防性养护和非结构性损坏养护的1.0~2.0cm骨架-空隙结构的沥青混凝土罩面,使用同步摊铺工艺施工,即热拌沥青混合料摊铺和改性乳化沥青黏结层喷洒用同步摊铺机进行施工,再以双钢轮压路机碾压成型。

(4)Nova Chip超薄磨耗层。

Nova Chip超薄磨耗层是由壳牌(中国)有限公司注册的,是用于解决交通流量较大、公路等级较高或道路使用性能要求较高的道路结构病害的一种养护维修方法。Nova Chip超薄磨耗层主要应用于高等级公路的预防性养护工程及高等级公路日常病害的矫正性养护维修;同时,在新建道路工程中,Nova Chip超薄磨耗层常被作为表面磨耗层一类的功能层使用。

(5)DCT超黏极薄罩面。

DCT超黏极薄罩面可应用于高速桥面铺装养护工程。在进行沥青混合料的配合比设计及验证后,该罩面不仅具有优异的抗水损坏、抗飞散等性能,而且在桥面铺装上实施时各项性能指标均满足要求,路用性能大幅提高,具备良好的应用及推广前景。

2.1.2 温拌薄层罩面技术

(1)UTAC超薄罩面。

UTAC超薄罩面是一种针对交通负载大、路面性能要求高的道路而研发的新型道路表面处理材料,具有抗滑、抗磨耗、防水害的优良性能,主要应用于高等级沥青路面的预防性养护工程,也可以作为新建道路的表面磨耗层。

(2)ECA超薄罩面。

ECA超薄罩面主要应用于高等级沥青或水泥混凝土路面的预防性养护,也可以作为新建道路的表面磨耗层。ECA-10混合料经过压路机压实后一次形成1.0~2.5cm厚的超薄罩面,特别适用于路面非结构性开裂、抗滑能力下降、轻微非结构性车辙等路面病害的修复。

(3)加入温拌剂的超薄磨耗层。

作为一种新型的高速公路养护技术,加入温拌剂的超薄磨耗层施工技术应用广泛。施工单位在具体施工操作阶段须先在原道路上铺设厚度为3cm的乳化沥青,而后进行压实管理,以提升路面黏结效果,实现公路养护目标。加入温拌剂的超薄磨耗层施工技术在高速公路养护施工中应用,既可以降低车辆通行噪声,修复高速公路产生的轻微损害,又可以增大路面摩擦力,保证公路应用质量。

2.1.3　常温薄层罩面技术

（1）HVE 超黏磨耗层。

HVE 超黏磨耗层是在特种复合改性沥青(乳液)的基础上进行技术创新的一种路面养护技术。其中,稀浆混合料拌和用的乳液采用特种复合改性沥青(乳液),水泥采用普通硅酸盐水泥,集料采用玄武岩等坚硬耐磨的碱性石料,集料的最大粒径不超过 8mm 并应均匀干净无杂质,该工艺是一种改进后的道路养护、维护技术[52]。

（2）复合式冷拌树脂碎石薄层罩面。

复合式冷拌树脂碎石薄层罩面是针对环氧沥青铺装裂缝、构造深度不足等问题,基于冷拌改性树脂材料研发的冷拌树脂超薄抗滑罩面技术,总厚度为 3 ~ 5mm,由渗透性环氧树脂封层 + 耐候性的环氧树脂碎石封层组成[46],其结构如图 2-1 所示。

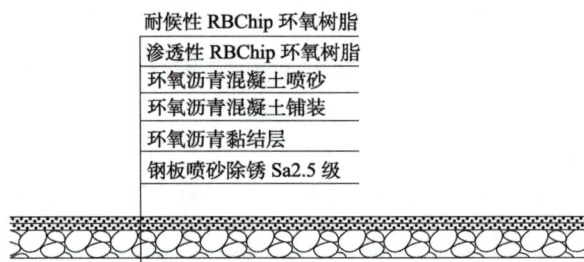

图 2-1　冷拌改性树脂薄层罩面结构

2.1.4　其他薄层罩面技术

（1）降噪抗滑薄层罩面。

降噪抗滑薄层罩面是利用传统施工工艺和设备,将专用改性沥青混合料快速摊铺、碾压成型的一种超薄罩面,结构厚度一般为 1.0 ~ 2.5cm,主要应用于沥青路面的预防性养护、水泥路面"白改黑"以及轻微病害的矫正性修复工程。

（2）ARC 抗裂薄层罩面。

ARC 抗裂薄层罩面是一种施工厚度为 1.2 ~ 2.0cm 的热拌沥青混凝土超薄结构层,以高性能聚合物改性沥青和高性能黏结剂为热拌沥青混合料和黏结层原料,采用普通异步摊铺工艺,路用性能均衡耐久,具有良好的高低温稳定性、水稳定性、抗疲劳性,尤其在抗裂性方面表现优异,远高于普通的超薄磨耗层。

ARC 抗裂薄层罩面的技术特点是"韧",有很好的抗裂性能,低温弯曲应变可达 $6000\mu\varepsilon$ 及以上,是目前非常有韧性、抗裂效果非常好的沥青混合料之一。ARC 抗裂薄层罩面的显著特征是其抗裂能力较为优异,对于解决沥青路面的裂缝问题具有较好的效果。沥青胶结料的创新改性使得混合料的性能表现更加均衡,混合料本身不仅具有良好的高温稳定性,也具有优异的低温抗裂性。在理想条件下,低温弯曲破坏应变实测值能达到规范要求的 5 倍甚至以上,因此适用于沥青路面的预防性养护,也为水泥混凝土路面、桥面、隧道的超薄型"白改黑"工程提供了一种新型的技术手段[53]。

(3)ZTS 耐久型罩面。

ZTS 耐久型罩面利用高黏韧性改性剂或专用高黏韧性改性沥青,可有效提升混合料的黏结性能、抗飞散能力和抗疲劳能力。该改性剂在混合料高温生产时熔融分散,待混合料冷却后,又起到加筋作用,可改善面层混凝土柔韧性,具有良好的耐久性,适用于抗滑性能严重衰减、网裂、轻微掉粒路面的功能性养护维修。ZTS 耐久型罩面典型厚度为 1.5 ~ 2.5cm,具有施工包容性强、抗滑性能优等特点。

2.2 常见高性能薄层罩面技术特点

2.2.1 热拌薄层罩面技术

(1)OGFC 超薄磨耗层。

①适用范围广泛。OGFC 超薄磨耗层不仅可以用于已建高等级公路的预防性养护,还可以用作新建公路表面的磨耗层,并且具有延长道路使用寿命,改善路面平整度,迅速排出路面水减少路面水损害的发生,节约建设和养护成本等优势。

②减少水雾和眩光。因 OGFC 超薄磨耗层具有良好的排水性能,路面没有残留水,几乎可以消除水雾。降雨天气空气湿度大,OGFC 超薄磨耗层能够减少司机在潮湿状态下前灯的眩光,有利于改善能见度,减轻驾驶疲劳。

③降低噪声。美国和欧洲进行了许多研究来评价 OGFC 超薄磨耗层降低噪声的能力。据欧洲报道,与密级配热拌沥青混合料(HMA)路面相比,噪声降低 3dB(A);与水泥混凝土(PCC)路面相比,噪声降低 7dB(A)。当噪声改变量达到 3dB(A)时,大多数人都能注意到显著的差异,因此,铺筑 OGFC 超薄磨耗层可以在很大程度上降低交通噪声。

④防水漂。由于雨水透过 OGFC 超薄磨耗层,在路表无法形成连续的水膜,故 OGFC 超薄磨耗层可防水漂。即使长时间下雨,可能使 OGFC 超薄磨耗层饱和,但由于车辆与轮胎间水压通过 OGFC 超薄磨耗层的多孔结构消失,仍然不会发生水漂。

⑤改善路面标志的可见度。OGFC 超薄磨耗层表面层的标志线可见度高,尤其是潮湿天气,有利于行车安全。

⑥提高潮湿路面的抗滑性。美国、加拿大和欧洲的研究表明,与密级配热拌沥青混合料(HMA)和水泥混凝土(PCC)路面相比,OGFC 超薄磨耗层具有优良的潮湿抗滑性,能有效减少雨天交通事故发生概率。

(2)SMA-10 超薄磨耗层。

①良好的高温稳定性。超薄磨耗层之所以采用 SMA 结构,其目的之一就是要提高路表

的高温抗车辙能力。另外,我国公路交通情况复杂,重车及超载现象频发,车辙问题已经迅速激化。SMA-10 在其最佳配合比下的动稳定度远远大于 3000 次/mm。同时,SMA 沥青混合料相关规范指出,沥青混合料的动稳定度并非越大越好。若沥青混合料的动稳定度大于 6000 次/mm,则表明沥青混合料有较大脆性。以上两种条件表明,SMA-10 具有良好的高温稳定性,且不具有过大的脆性。

②良好的低温抗裂性。水稳定性也是 SMA 沥青混合料路用性能较为关键的指标之一。结合我国道路交通情况和标准试验方法,将 SMA 沥青混合料进行两个方面的水稳定性能验证,分别为浸水马歇尔试验验证及冻融劈裂试验验证。研究结果表明,SMA-10 超薄磨耗层混合料在浸水马歇尔试验及冻融劈裂试验的验证中具有良好的水稳定性。

③良好的抗滑性能。目前国内外检测沥青路面抗滑性能的方法主要有两种:第一种是检测路表的构造深度,第二种是应用摆式摩擦仪测定路面的摩擦系数。研究通过构造深度试验与摩擦系数测定的试验方法检测了 SMA-10 超薄磨耗层混合料的抗滑性能。结果表明,其构造深度可满足年平均降雨量 1000mm 以上的地区的规范要求,且 SMA-10 超薄磨耗层的摩擦系数较大,因此判定其具有良好的抗滑性能。

(3)Thus 极薄磨耗层。

①可铺筑不同的厚度(1.0~2.0cm),适用范围广,能方便快速摊铺和快速开放交通,满足快速养护要求,节能环保,并降低路面噪声,改善路面平整度,提高行车舒适性。

②极大地改善路面抗滑性能;大空隙率及高达 80% 及以上的连通空隙可兼具路面排水功能,减少雨天行车水雾,防止车辆水中侧滑,全天候提高行车安全性。

③使用同步摊铺机进行摊铺,混合料摊铺和黏结层洒布在摊铺机上同步进行;摊铺速度为 0~20m/min,常规速度为 10m/min,是普通混合料摊铺的 4~6 倍。

④混合料用沥青为专用改性沥青或搅拌站 SBS 改性沥青添加专用复配剂,防水黏结层为专用高黏改性乳化沥青,具有优良的黏结性能。

⑤混合料为骨架-空隙结构,设计空隙率大于 10%,连通空隙大于 80%,现场空隙率可达 15% 及以上。

⑥改性乳化沥青配方中添加特殊发泡剂,与同步摊铺工艺结合,在摊铺热沥青混合料时改性乳化沥青瞬间泡沫化、压力增大,在压力释放的过程中,带动泡沫化的改性乳化沥青上升,最终形成 4~6mm 厚的带有密闭微孔的防水黏结层,从而达到更好的黏结和防渗水效果。改性乳化沥青配方中添加专门的主动驱水添加剂,可主动驱除石料与沥青膜界面中的水分,从而提高防水黏结层抗水性能,延长极薄磨耗层的寿命。

(4)Nova Chip 超薄磨耗层。

①超薄磨耗层 Nova Chip 具有超长的耐久性和稳定性,作为表面层结构使用时,具有结构厚度薄、抗磨耗性能强、降噪功能优越、抗滑能力显著、抗车辙性能较好、有效减小水雾产生等优点。

②Nova Chip 超薄磨耗层具有优越的黏结性能,可以保证与原路面结构完整的层间黏结状态。高质量的 Nova Chip 超薄磨耗层铺筑的路面的使用寿命常为 8～12 年。

(5)DCT 超黏极薄罩面。

①技术施工效率高、开放交通快。罩面采用同步摊铺机进行摊铺,施工效率高,且混合料空隙较大,层厚薄,降温快,摊铺结束后 1h 即可开放交通,极大地缓解了由交通管制产生的交通拥堵压力。

②排水降雾效果显著。旧路面长期使用后,其渗水系数大幅度降低,雨天时路面极易积水,车辆在行驶过程中容易打滑,产生飞溅的水雾,DCT 超黏极薄罩面由于空隙率较大,可充分吸收雨天时行车产生的水雾,减少路面积水。加铺薄层罩面后的路面渗水系数可达到700mL/min 及以上,可使雨水充分下渗至内部连通孔道,通过构造形式排水,减少路表积水和行车水雾,从而提高行车安全性与舒适性。

2.2.2　温拌薄层罩面技术

(1)UTAC 超薄罩面。

①防黏结效果优良。UTAC 超薄罩面由改性乳化沥青黏结层和间断级配改性沥青混合料组成,特殊配方的改性乳化沥青具有优异的黏结性能,避免了超薄罩面层间黏结的问题。

②抗滑、降噪、防水性能良好。间断级配使混合料不仅具有良好的表面构造深度和优良的防滑减噪性能,而且其组成结构为密实结构故又兼具了良好的防水特性,抗水损害性能优于一般薄层罩面。

③材料生产便捷。UTAC 超薄罩面采用直投式沥青改性剂,在拌和过程中直接加入,生产方便快捷,尤其适用于工程量较小的预防性养护工程。为了避免摊铺厚度薄所导致的降温速度快、压实质量难以保证的问题,UTAC 超薄罩面采用温拌助剂使混合料的碾压温度范围更大,保证了充分的碾压时间和良好的压实效果。

④施工养护方便。UTAC 超薄罩面使用专用的一体式摊铺机施工,特种改性乳化沥青黏结层洒布与改性热沥青混合料摊铺同时进行,经压路机压实后一次成型,在路面形成 2.0～2.5cm 的超薄罩面。由于其厚度比较小,几乎不改变原有路面高程,UTAC 超薄罩面尤其适合立交桥较多、路缘石高度一定的城市道路养护[54]。

(2)ECA 超薄罩面。

①社会效益明显。与传统的铣刨重铺处治方案相比,ECA-10 超薄罩面技术无论是铣刨量还是拌和、摊铺、碾压工作量均明显减少,减少了养护维修工程对现状交通运营的影响,产生了良好的社会效益。

②节约施工成本。ECA-10 超薄罩面处治、摊铺厚度薄,极大地节约了工程造价。

③环境污染小。ECA-10 超薄罩面相比常规沥青混合料的出料温度及现场施工温度可降低 20～40K,显著降低了有害气体和温室气体的排放。

④修复效果良好。ECA-10超薄罩面技术能够迅速恢复路面平整性、抗滑性,相比传统路面处治方式具有噪声低、成本低、减少能源消耗和减少环境影响的优点[55]。

(3)加入温拌剂的超薄磨耗层。

①加入温拌剂的超薄磨耗层技术施工量相对较小,可显著节约建筑成本,相比稀浆封层技术,有着更为理想的应用效果。

②加入温拌剂的超薄磨耗层技术适用于路面防滑和预防性养护施工,相比其他养护技术,施工材料粒径更小,施工后路面强度更优,具有优越的环保性能。

③加入温拌剂的超薄磨耗层技术强度高、抗滑性好、可有效保证路面平整度;同时,施工周期较短,可确保公路在短时间内即可投入使用。

④应用具有一定局限性。对于路面已经被严重损坏的高速公路,施工单位在应用加入温拌剂的超薄磨耗层技术进行养护施工时,需对原路面进行彻底修复,方可满足该项施工技术要求。

⑤加入温拌剂的超薄磨耗层施工技术对施工厚度要求较为严格。同时,其对混合料的质量、施工具体环境和施工单位水平也有一定的要求,任何一个环节出现差错,都会影响该项施工技术的应用效果,降低其养护施工质量,最终影响高速公路整体运行成效。因此,施工单位在应用该项施工技术阶段,须对相关因素进行严格控制[56]。

2.2.3 常温薄层罩面技术

(1)HVE超黏磨耗层。

①优良的抗高温变形能力。HVE超黏磨耗层具有优良的高温稳定性,有助于提升高温下混合料的抗剪切及变形能力,路面不易发生车辙、推移、剪切破坏。

②优良的抗低温及抗反射开裂能力。HVE超黏磨耗层低温延展性好,有助于提升低温下混合料的抗变形能力,使路面具有一定的抵抗低温开裂及反射裂缝能力。

③对原结构影响小。HVE超黏磨耗层的厚度较薄,对原路面高程影响小,不影响隧道净空,也不显著增大桥涵负荷,同时对交通安全附属设施影响较小,无须更改标志牌等各类交通设施高度。

④良好的黏结性。HVE超黏磨耗层通过精选材料、优化级配及配合比,能够促使新铺磨耗层与旧路面之间形成超强的黏结,同时摊铺完成后在行车作用下碾压得更加密实。

⑤超强的耐久性。HVE超黏磨耗层具有高性能的抗磨耗能力,能够显著增大路面的摩擦系数。在后面的试验中可以看到,路面施工刚实施完的摩擦系数值已经达到了72BPN及以上,特别是在纵坡较陡路段或者急转弯路段,极大地增大了行车安全系数。

⑥优良的抗滑及防水性。HVE超黏磨耗层作为加铺在已有道路上的罩面层,由于其良好的密实度,排水性能极好,能够快速排出路面雨水,避免快速行车时产生水雾导致交通事故的发生;同时,可避免中下面层受到水损害,保护道路边坡的同时保护了道路基础。

（2）复合式冷拌树脂碎石薄层罩面。

①复合式冷拌树脂碎石薄层罩面具有较大的流动性，可以对铺装的空隙、裂纹、裂缝进行封闭修复，恢复铺装强度，提高结构性能，延长使用寿命。

②复合式冷拌树脂碎石薄层罩面对紫外线照射和氧化具有更好的耐候性，起到封层防水、抗老化作用，提高耐久性，并提高环氧沥青铺装的抗滑性能，从而提高行车安全和舒适性。

2.2.4 其他薄层罩面技术

（1）降噪抗滑薄层罩面。

①沥青材料性能优势。特种改性沥青由多种改性剂经过特殊工艺复合改性而成，具有黏结力强、低温性能优异、耐老化性能好、施工和易性好等特点，施工温度比其他超薄罩面低30℃左右，在10℃以上气温条件下，可实现1.5cm超薄罩面的施工作业。

②黏结材料性能优势。超级磨耗层专用黏层材料为我国独有的薄层体系专用不黏轮黏结材料，不需要采用同步摊铺设备，黏结强度达普通高黏乳化沥青的2倍，可有效保证超罩面的层间黏结。

③路菲特超级磨耗层具有抗滑、降噪、行车舒适性好等特点，使用寿命可达8年，同时节省道路材料50%以上，减少碳排放60%以上[47]。

（2）ARC抗裂薄层罩面。

①施工和易性良好。经过特殊改性的高韧高弹复合改性沥青在高温下的黏度并不高，施工难度和普通改性沥青一致。ARC沥青混合料在150～160℃下具备良好的摊铺压实特性、和易性，非常有利于提升施工质量。

②路用性能优秀且均衡。混合料的各个技术指标都比较高，如动稳定度大于5000次/mm，-10℃低温小梁破坏应变大于6000με，摩擦系数大于70，构造深度大于0.8mm。试验结果显示，铺筑完成的路面平顺、静音降噪、黑色美观、行车舒适稳定，达到了提升路面品质的预期效果。

③满足快速化养护需求。实践证明，喷洒后0.5h高渗高黏不黏轮型黏层油即可达到不黏轮效果，确保了黏层油膜的完整性。ARC混合料摊铺速度最快可达到15m/min，连续施工不停机，缩短了工期。

④技术成熟，适合普及推广。ARC超韧磨耗层使用普通施工机械设备，沥青摊铺采用普通沥青摊铺机，没有增加任何特殊机械配置，操作人员无须进行额外的操作技术培训，施工质量可控，适合普及推广[48]。

（3）ZTS耐久型罩面。

①良好的黏结性能。沥青混合料添加高黏韧性改性剂后，混合料黏结性能显著提升，避免飞散掉粒现象的发生。

②适应性强。混合料级配范围大，在较大油石比范围内材料稳定性好，施工包容性强，有利于生产施工控制。

③对气温不敏感。环境温度高于5℃即可施工,避免了超薄罩面降温快对压实的不利影响。

④使用方便。可采用直投式改性混合料生产工艺,无须专用摊铺设备,生产施工方便快捷,尤其对工程量较小的预防性养护工程,其使用便捷性和性价比优势更为明显。

⑤耐久性好,性价比高,正常条件下可使用5～8年。

2.3 常见原材料及技术要求

2.3.1 黏结料及其添加剂

(1)OGFC超薄磨耗层。

高黏度改性OGFC超薄磨耗层结构空隙率较大,因此,所选用的沥青必须具有较好的黏附性能。使用的基质沥青通常要比当地气候条件使用的沥青高2个等级,磨耗层设计选用的高黏度改性沥青主要技术性能指标要求见表2-1。

磨耗层设计选用的高黏度改性沥青主要技术指标要求　　　　表2-1

项目	规范要求	试验结果	试验方法
黏度(60℃)(Pa·s)	≥20000	21016.2	沥青动力黏度试验 JTG E20—2011 T 0620
软化点(℃)	≥80	88.2	沥青软化点试验 JTG E20—2011 T 0606
针入度(25℃)(0.1mm)	≥40	46	沥青针入度试验 JTG E20—2011 T 0604
延度(15℃)(cm)	≥50	79	沥青延度试验 JTG E20—2011 T 0605
闪点(℃)	≥260	286	沥青闪点与燃点试验 JTG E20—2011 T 0611
黏韧性(N·m)	≥20	34	沥青黏韧性试验 JTG E20—2011 T 0624
韧性(N·m)	≥15	19	

(2)SMA超薄磨耗层。

对SMA超薄磨耗层的沥青进行选择和利用时,通常可以选择利用SBS改性沥青、橡胶改性沥青等,要保证沥青材料的黏度、弹性以及柔韧性相对比较良好。为从根本上保证沥青混合料的耐久性得到有效提升,要保证沥青材料本身具有非常好的抗老化性能,同时要将其在磨耗层材料中的功能、作用充分发挥出来。通常在实际项目中SMA超薄磨耗层选择的沥青胶结料是 SBSI-D 改性沥青,而黏层油选择的是 SBS 改性乳化沥青,其相关性能指标检测项目及要求见表 2-2、表 2-3。

SBSI-D 改性沥青相关性能指标检测项目及要求　　　　　　表 2-2

检测项目		规范要求	试验方法
针入度(25℃,100g,5s)(0.1mm)		≥50	沥青针入度试验 JTG E20—2011 T 0604
延度(5℃)(cm)		≥20	沥青延度试验 JTG E20—2011 T 0605
软化点(℃)		≥60	沥青软化点试验 JTG E20—2011 T 0606
闪点(℃)		≥230	沥青闪点与燃点试验 JTG E20—2011 T 0611
48h 离析(℃)		≤2.5	聚合物改性沥青离析试验 JTG E20—2011 T 0661
弹性恢复(25℃)(%)		≥70	沥青弹性恢复试验 JTG E20—2011 T 0662
RTFOT 后残留物	质量变化(%)	≤1.0	沥青旋转薄膜加热试验 JTG E20—2011 T 0610
	残留针入度比(25%)(%)	≥60	沥青针入度试验 JTG E20—2011 T 0604
	残留延度(10℃)(cm)	≥15	沥青延度试验 JTG E20—2011 T 0605

SBS 改性乳化沥青相关性能指标检测项目及要求　　　　　　表 2-3

检测项目	规范要求	试验方法
筛上剩余量(0.6mm)(%)	≤5	乳化沥青筛上剩余量试验 JTG E20—2011 T 0652
赛波特黏度(25℃)(s)	10~80	沥青赛波特黏度试验 JTG E20—2011 T 0623
蒸馏残留物含量(%)	≥60	乳化沥青蒸发残留物含量试验 JTG E20—2011 T 0651
弹性恢复(10℃)(%)	≥60	沥青弹性恢复试验 JTG E20—2011 T 0662
针入度(25℃,100g,5s)(0.1mm)	30~100	沥青针入度试验 JTG E20—2011 T 0604

（3）Thus 极薄磨耗层。

Thus 极薄磨耗层具有较大的空隙率,因此,所选用的沥青胶结料必须具有较强的黏结力及良好的耐久性。Thus 极薄磨耗层在 SBS 改性沥青的基础上添加了复配剂,保证沥青达到所需要的黏度、软化点等指标。添加剂可与沥青中的不饱和键发生胶黏反应,生成稳定的网格结构物,提高沥青的劲度和与石料的黏附力,避免或减少混合料在温度和行车荷载的作用下沥青上浮,堵塞空间,保证沥青混合料具有良好的路用性能,提高混合料高温稳定性的同时大大提高其抗水损害能力。SBS 改性沥青添加 TH-WH809 复配剂后,使其60℃动力黏度达到 100000Pa·s 及以上,软化点达到 90℃ 及以上。其改性沥青质量要求及检测结果见表 2-4。

Thus Binder 改性沥青技术要求及检测结果　　　　　　表 2-4

试验项目		试验方法	技术要求
针入度(25℃,100g,5s)(0.1mm)		沥青针入度试验 JTG E20—2011 T 0604	≥50
软化点 TR&B(环球法)	SBS 改性沥青(℃)	沥青软化点试验 JTG E20—2011 T 0606	≥70
	加入添加剂后(℃)		≥90
60℃动力黏度	SBS 改性沥青(Pa·s)	沥青动力黏度试验 JTG E20—2011 T 0620	≥10000
	加入添加剂后(Pa·s)		≥100000
延度(5℃,5cm/min)(cm)		沥青延度试验 JTG E20—2011 T 0605	≥25
密度(15℃)(g/cm³)		沥青密度与相对密度试验 JTG E20—2011 T 0603	实测
163℃离析(48h 软化点差)(℃)		聚合物改性沥青离析试验 JTG E20—2011 T 0661	≤2
旋转黏度(135℃)(Pa·s)		沥青旋转黏度试验 JTG E20—2011 T 0625	≤3
弹性恢复(10℃)(%)		沥青弹性恢复试验 JTG E20—2011 T 0662	≥80
薄膜烘箱试验残留物	质量变化(%)	沥青旋转薄膜加热试验 JTG E20—2011 T 0610	≤0.5

续上表

试验项目		试验方法	技术要求
薄膜烘箱试验残留物	针入度比(25℃)	沥青针入度试验 JTG E20—2011 T 0604	≥65
	延度(5℃,5cm/min)(cm)	沥青延度试验 JTG E20—2011 T 0605	≥15

聚合物改性乳化沥青采用专用的 Thus Bond,其性能须满足 Thus 极薄磨耗层设计要求。Thus Bond 性能指标及检测结果见表2-5。

Thus Bond 性能指标及检测结果　　　　表2-5

指标		试验方法	规范要求
蒸发残留物含量(%)		乳化沥青蒸发残留物含量试验 JTG E20—2011 T 0651	≥65.0
赛波特黏度(25℃)(s)		沥青赛波特黏度试验 JTG E20—2011 T 0623	40~100
筛上剩余量(1.18mm,25℃)(%)		乳化沥青筛上剩余量试验 JTG E20—2011 T 0652	≤0.05
储藏稳定性(1d)(%)		乳化沥青低温储存稳定性试验 JTG E20—2011 T 0656	≤1.0
蒸发残留物试验	针入度 (25℃,100g,0.1mm)(%)	沥青针入度试验 JTG E20—2011 T 0604	65~150
	弹性恢复(10℃)(%)	沥青弹性恢复试验 JTG E20—2011 T 0662	≥60
	溶解度(%)	沥青溶解度试验 JTG E20—2011 T 0607	≥97.5

(4) Nova Chip 超薄磨耗层。

NovaBinder 改性沥青黏结料也根据使用地区的温度情况划分为热区和温区两个类型,相应的配方也根据特定地理位置、气候、交通流量和车速等因素进行调配,以保证具有特强的黏聚力和抗老化性能,并满足 AASHTO\ASTM 和 Superpave 的黏结料性能要求。为达到这个目的,要求 NovaBond 提供较高的洒布黏度,保证喷洒的乳化沥青在路面不流淌,同时控制乳化沥青的破乳速度,使乳化沥青与热沥青混合料接触瞬间破乳,还要采取聚合物改性来保证破乳的乳化沥青与原路面超强的黏结力[57]。具体的 NovaBinder-Ⅰ(温区)和 Nov-aBinder-Ⅱ(热区)指标要求见表2-6、表2-7。

NovaBinder-Ⅰ（温区）改性沥青技术指标　　表2-6

指标		试验方法	规范要求
针入度(25℃,100g,5s)(0.1mm)		沥青针入度试验 JTG E20—2011 T 0604	≥60
软化点(环球法)(℃)		沥青软化点试验 JTG E20—2011 T 0606	≥70
延度(5℃,5cm/min)(cm)		沥青延度试验 JTG E20—2011 T 0605	≥30
离析(163℃,48h 软化点差)(℃)		聚合物改性沥青离析试验 JTG E20—2011 T 0661	≤2.0
旋转黏度(135℃)(Pa·s)		沥青旋转黏度试验 JTG E20—2011 T 0625	≤3.0
弹性恢复(25℃)(%)		沥青弹性恢复试验 JTG E20—2011 T 0662	≥90
闪点(克利夫兰开口杯)(℃)		沥青闪点与燃点试验 JTG E20—2011 T 0611	≥230
旋转薄膜加热试验 残留物/薄膜烘箱 试验	质量变化(%)	沥青旋转薄膜加热试验 JTG E20—2011 T 0610	—
	针入度比(25℃)(%)	沥青针入度试验 JTG E20—2011 T 0604	≥60
	延度 (5℃,5cm/min)(cm)	沥青延度试验 JTG E20—2011 T 0605	≥20

Nova Binder-Ⅱ（热区）改性沥青技术要求　　表2-7

指标	试验方法	规范要求
针入度(25℃,100g, 5s)(0.1mm)	沥青针入度试验 JTG E20—2011 T 0604	≥50
软化点(环球法)(℃)	沥青软化点试验 JTG E20—2011 T 0606	≥75
延度(5℃,5cm/min)(cm)	沥青延度试验 JTG E20—2011 T 0605	≥20
离析(163℃,48h 软化点差)(℃)	聚合物改性沥青离析试验 JTG E20—2011 T 0661	≤2.0
旋转黏度(135℃)(Pa·s)	沥青旋转黏度试验 JTG E20—2011 T 0625	≤3.0

续上表

指标	试验方法	规范要求
弹性恢复(25℃)(%)	沥青弹性恢复试验 JTG E20—2011 T 0662	≥90
闪点(克利夫兰开口杯)(℃)	沥青闪点与燃点试验 JTG E20—2011 T 0611	≥230
质量变化(%)	沥青旋转薄膜加热试验 JTG E20—2011 T 0610	—
针入度比(25℃)(%)	沥青针入度试验 JTG E20—2011 T 0604	≥60
延度(5℃,5cm/min)(cm)	沥青延度试验 JTG E20—2011 T 0605	≥15

NovaBond 改性乳化沥青在整个系统中起防水黏结的作用,破乳速度快,可保证超薄磨耗层与原路面的层间黏结状态,防水效果显著[58]。NovaBond 改性乳化沥青提供 Nova Chip 超薄磨耗层与原路面的超强黏结力,同时起到防水作用。NovaBond 改性乳化沥青的喷洒量需要根据实际养护道路的病害程度及设计混合料的性能参数确定,常规用量为 $0.6 \sim 1.2 kg/m^3$。但这个喷洒量相对于普通乳化沥青来讲是非常高的,这对乳化沥青产品有比较高的要求,需要在高温(通常在50℃以上)喷洒时保证在路面上洒足够的量且保证不流淌,要在接触到 NovaBinder 热混合料的瞬间破乳,带动破乳的沥青包裹住部分石料。因此,对乳化沥青的固含量、黏度和破乳速度都有一定的要求。对破乳速度的测试更是采用了 ASTM D 6936 的评价方法。

根据实际运用的经验和国外引进的技术要求,NovaBond 改性乳化沥青的性能需要保证 Nova Chip 系统的设计目标。为了保证超薄磨耗层的实际使用性能,需要按照表2-8的要求进行材料选择。

NovaBond 乳化沥青主要技术要求 表2-8

测试项目	试验方法	规范要求
蒸发/蒸馏残留物含量(%)	乳化沥青蒸发残留物含量试验 JTG E20—2011 T 0651	≥65
储存稳定性(1d)(%)	乳化沥青低温储存稳定性试验 JTG E20—2011 T 0656	≤1
筛上剩余量(1.18mm)(%)	乳化沥青筛上剩余量试验 JTG E20—2011 T 0652	≤0.05
赛波特黏度(25℃)(s)	沥青赛波特黏度试验 JTG E20—2011 T 0623	20～100

续上表

测试项目		试验方法	规范要求
破乳速率(35mL,0.8%气溶胶 OT)(%)		乳化沥青破乳速度试验 ASTM D6936	≥40
与矿料的黏附性/裹覆试验		乳化沥青与粗集料的黏附性试验 JTG E20—2011 T 0654	≥2/3
蒸发/蒸馏残留物性质	针入度 (25℃,100g,5s)(0.1mm)	沥青针入度试验 JTG E20—2011 T 0604	60~150
	弹性恢复(10℃)(%)	沥青弹性恢复试验 JTG E20—2011 T 0662	≥60

（5）DCT 超黏极薄罩面。

研究采用成品高黏改性沥青作为 DCT 超黏极薄罩面的胶结料,其技术指标见表2-9,各项指标均满足罩面层对高黏改性沥青的相关技术要求。

高黏度沥青技术指标　　　　　　　　　　　　　　　　　　　　　　表2-9

检验项目	规范要求	试验方法
针入度(25℃,100g,5s)(0.1mm)	≥40	沥青针入度试验 JTG E20—2011 T 0604
延度(5cm/min,5℃)(cm)	≥30	沥青延度试验 JTG E20—2011 T 0605
软化点(环球法)(℃)	≥85	沥青软化点试验 JTG E20—2011 T 0606
密度(g/cm³)	—	沥青密度与相对密度试验 JTG E20—2011 T 0603
135℃布式旋转黏度(Pa·s)	≤3.5	沥青旋转黏度试验 JTG E20—2011 T 0625
闪点(℃)	≥260	沥青闪点与燃点试验 JTG E20—2011 T 0611
60℃动力黏度(Pa·s)	≥80000	沥青动力黏度试验 JTG E20—2011 T 0620
弹性恢复(25℃)(%)	≥85	沥青弹性恢复试验 JTG E20—2011 T 0662
储存稳定性离析(48h软化点差值)	≤3.0	聚合物改性沥青离析试验 JTG E20—2011 T 0661

续上表

检验项目		规范要求	试验方法
旋转薄膜加热试验 RTFOT	质量变化 (%)	≤1.0	沥青旋转薄膜加热试验 JTG E20—2011 T 0610
	针入度比 (25℃)(%)	≥75	沥青针入度试验 JTG E20—2011 T 0604
	延度 (5℃)(cm)	≥20	沥青延度试验 JTG E20—2011 T 0605

同步喷洒黏层油需采用高黏改性乳化沥青,要求为快凝黏层油,在热拌混合料的配合下快速破乳,且蒸发水汽可通过大空隙率的DCT罩面迅速散发,具体性能指标须满足表2-10的要求。

超黏改性乳化沥青性能指标　　　　表2-10

测试项目		规范要求	试验方法
储存稳定性(1d)(%)		≤1	乳化沥青储存稳定性试验 JTG E20—2011 T 0655
储存稳定性(5d)(%)		≤5	
恩格拉黏度 E_{25}		3~20	沥青恩格拉黏度试验 JTG E20—2011 T 0622
赛波特黏度(25℃)(s)		20~60	沥青赛波特黏度试验 JTG E20—2011 T 0623
筛上剩余量(1.18mm)(%)		≤0.05	乳化沥青筛上剩余量试验 JTG E20—2011 T 0652
电荷		正电荷+	乳化沥青微粒离子电荷试验 JTG E20—2011 T 0653
破乳速率(35mL,0.8%气溶胶OT)(%)		40min	乳化沥青破乳速度试验 ASTM D6936
蒸发/蒸馏残留物性质	蒸发/蒸馏残留物含量 (%)	≥63	乳化沥青蒸发残留物含量试验 JTG E20—2011 T 0651
	针入度(25℃,100g,5s) (0.1mm)	60~150	沥青针入度试验 JTG E20—2011 T 0604
	弹性恢复 (10℃)(%)	≥60	沥青弹性恢复试验 JTG E20—2011 T 0662
	延度(5℃) (cm)	≥20	沥青延度试验 JTG E20—2011 T 0605
	软化点 (℃)	≥60	沥青软化点试验 JTG E20—2011 T 0606

（6）UTAC 超薄罩面。

沥青主要技术指标及要求见表2-11。

沥青主要技术指标及要求　　　　　　　　　表2-11

试验项目		规范要求	试验方法
针入度(25℃,100g,5s)(0.1mm)		40 ~ 60	沥青针入度试验 JTG E20—2011 T 0604
软化点(℃)		≥70	沥青软化点试验 JTG E20—2011 T 0606
延度(5℃)(cm)		≥20	沥青延度试验 JTG E20—2011 T 0605
弹性恢复(25℃)(%)		≥90	沥青弹性恢复试验 JTG E20—2011 T 0662
密度(g/cm³)		实测	沥青密度与相对密度试验 JTG E20—2011 T 0603
TFOT (163℃,5h)	质量变化(%)	≤ ±1	沥青旋转薄膜加热试验 JTG E20—2011 T 0610
	残留针入度比(25℃)(%)	≥60	沥青针入度试验 JTG E20—2011 T 0604
	残留延度(5℃)(cm)	≥15	沥青延度试验 JTG E20—2011 T 0605

（7）ECA 超薄罩面。

ECA-10 超薄罩面沥青混合料所用的胶结料一般采用 70 号或 90 号基质沥青及改性剂 HPM-1。HPM-1 是根据超薄磨耗层的技术特点专门研发的一种高性能沥青混合料改性剂，采用外掺的形式加入，一般掺量为沥青混合料总质量的 0.3% ~ 0.6%，其具体技术要求见表 2-12。

直投式高性能沥青混合料改性剂 HPM-1 的技术要求　　　　　　表2-12

试验项目	指标要求	标准
灰分(%)	≤0.5	《橡胶灰分的测定 第1部分:马弗炉法》 (GB/T 4498.1—2025)
硬度(A)	≥40	《硫化橡胶或热塑性橡胶 压入硬度试验方法 第1部分:邵氏硬度计法(邵尔硬度)》 (GB/T 531.1—2008)
300% 定伸应力(MPa)	≥1.0	《硫化橡胶或热塑性橡胶 拉伸应力应变 性能的测定》(GB/T 528—2009)
伸长率(%)	≥800	

续上表

试验项目	指标要求	标准
熔体流动速率(10min)(g)	≥5.0	《塑料 热塑性塑料熔体质量流动速率(MFR)和熔体体积流动速率(MVR)的测定 第1部分：标准方法》(GB/T 3682.1—2018)
密度(g/cm³)	0.9~1.02	《硫化橡胶或热塑性橡胶密度的测定》(GB/T 533—2008)
颗粒大小(mm)	φ3.0×4.0	—
气味	无刺激性气味	—

(8)加入温拌剂的超薄磨耗层。

①沥青。工程中常用的沥青种类有70A普通沥青、PG76-22的SBS改性沥青以及高强改性沥青,其各项指标与技术要求见附表1-1、表2-13及表2-14。

SBS改性沥青技术要求及检测指标　　　　　　表2-13

试验指标		技术要求	试验方法
针入度(25℃,100g,5s)(0.1mm)		50~70	沥青针入度试验 JTG E20—2011 T 0604
针入度指数PI		≥-0.2	
延度(5cm/min,5℃)(cm)		≥30	沥青延度试验 JTG E20—2011 T 0605
软化点(环球法)(℃)		≥70	沥青软化点试验 JTG E20—2011 T 0606
运动黏度135℃(Pa·s)		≤3	沥青运动黏度试验 JTG E20—2011 T 0619
闪点(℃)		≥230	沥青闪点与燃点试验 JTG E20—2011 T 0611
溶解度(三氯乙烯)(%)		≥99	沥青溶解度试验 JTG E20—2011 T 0607
弹性恢复(25℃)(%)		≥75	沥青弹性恢复试验 JTG E20—2011 T 0662
储存稳定性离析(48h软化点差)		≤2.0	聚合物改性沥青离析试验 JTG E20—2011 T 0661
旋转薄膜加热残留物(163℃,5h)	质量变化(%)	≤0.8	沥青旋转薄膜加热试验 JTG E20—2011 T 0610
	针入度比25℃(%)	≥65	沥青针入度试验 JTG E20—2011 T 0604
	延度(5℃)(cm)	≥15	沥青延度试验 JTG E20—2011 T 0605

续上表

试验指标	技术要求	试验方法
密度(15℃)(g/cm³)	≥1.0	沥青密度与相对密度试验 JTG E20—2011 T 0603
动力黏度60℃(Pa·s)	≥5000	沥青动力黏度试验 JTG E20—2011 T 0620
SHRP 性能等级	PG76-22	沥青 SHRP 性能等级试验 AASHTO M320-03

高强改性沥青技术要求及检测指标 表2-14

试验指标	技术要求	试验方法
针入度(25℃,100g,5s)(0.1mm)	10～40	沥青针入度试验 JTG E20—2011 T 0604
针入度指数 PI	—	
延度(5cm/min,5℃)(cm)	—	沥青延度试验 JTG E20—2011 T 0605
软化点(环球法)(℃)	≥60	沥青软化点试验 JTG E20—2011 T 0606
运动黏度135℃(Pa·s)	≤3	沥青运动黏度试验 JTG E20—2011 T 0619
黏韧性(N·m)	≥5	沥青黏韧性试验 JTG E20—2011 T 0624
韧性(N·m)	≥2.5	
闪点(℃)	≥260	沥青闪点与燃点试验 JTG E20—2011 T 0611
溶解度(三氯乙烯)(%)	≥99	沥青溶解度试验 JTG E20—2011 T 0607
弹性恢复(25℃)(%)	≥70	沥青弹性恢复试验 JTG E20—2011 T 0662
储存稳定性离析(48h 软化点差)	—	聚合物改性沥青离析试验 JTG E20—2011 T 0661
旋转薄膜加热残留物(163℃,5h)	质量变化(%) ≤1.0	沥青旋转薄膜加热试验 JTG E20—2011 T 0610
	针入度比25℃(%) ≥60	沥青针入度试验 JTG E20—2011 T 0604
	延度(5℃)(cm) ≥15	沥青延度试验 JTG E20—2011 T 0605

试验指标	技术要求	试验方法
密度（15℃）（g/cm³）	≥1.0	沥青密度与相对密度试验 JTG E20—2011 T 0603
动力黏度60℃（Pa·s）	≥5000	沥青动力黏度试验 JTG E20—2011 T 0620

②温拌添加剂。为了确保填补料和超薄沥青混凝土的压实效果，同时节约能源，改善施工环境，在沥青混凝土中加入温拌添加剂，延长沥青混合料的碾压时间，防止摊铺厚度很薄导致碾压过程中温度下降过快，在沥青混凝土拌和过程中，与热沥青同步向拌锅喷注。该添加剂为表面活性类活性水溶液，能够在沥青混凝土拌和过程中，在胶结料和混凝土内部形成润滑结构，是实现温拌沥青混凝土工作性能的重要成分。温拌剂的试验指标见表2-15。

温拌剂的试验指标 表2-15

检测项目	技术要求	试验方法
胺值	100～140	温拌剂胺值试验方法《沥青混合料改性添加剂 第6部分：温拌剂》（JT/T 860.6—2025）附件A
固含量（%）	≥9.0	细集料含水率快速试验（参照） JTG 3432—2024 T 0343
pH值	6.5～8.5	温拌剂pH值试验方法《沥青混合料改性添加剂 第6部分：温拌剂》（JT/T 860.6—2025）附件B

③乳化沥青。在铺筑超薄罩面之前，需要喷洒黏层油，增大新旧沥青混凝土层间的黏结强度。黏结层的沥青材料应采用快裂的高黏度改性乳化沥青，技术要求和检测指标见表2-16。

乳化沥青技术要求及检测指标 表2-16

试验项目	技术要求	试验方法
破乳速度	快裂	乳化沥青破乳速度试验 JTG E20—2011 T 0658
电荷	阳离子（+）	乳化沥青微粒离子电荷试验 JTG E20—2011 T 0653
筛上剩余量（1.18mm筛）（%）	≤0.1	乳化沥青筛上剩余量试验 JTG E20—2011 T 0652
标准黏度 $C_{25,3}$（s）	10～40	沥青标准黏度试验 JTG E20—2011 T 0621

试验项目		技术要求	试验方法
恩格拉黏度 E_{25}		1 ~ 15	沥青恩格拉黏度试验 JTG E20—2011 T 0622
蒸发残留物	残留物含量(%)	≥60	乳化沥青蒸发残留物含量试验 JTG E20—2011 T 0651
	针入度(25℃)(0.1mm)	60 ~ 120	沥青针入度试验 JTG E20—2011 T 0604
	软化点(℃)	≥53	沥青软化点试验 JTG E20—2011 T 0606
	延度(5℃,5cm/min)(cm)	≥20	沥青延度试验 JTG E20—2011 T 0605
	动力黏度(60℃)(Pa·s)	1800	沥青动力黏度试验 JTG E20—2011 T 0620
	弹性恢复(25℃,1h)(%)	≥60	沥青弹性恢复试验 JTG E20—2011 T 0662
	溶解度(三氯乙烯)(%)	≥97.5	沥青溶解度试验 JTG E20—2011 T 0607
与矿料的黏附性,裹覆面积		≥2/3	乳化沥青储存稳定性试验 JTG E20—2011 T 0655
常温储存稳定性	1d(%)	≤1	乳化沥青储存稳定性试验 JTG E20—2011 T 0655
	5d(%)	≤5	

(9)HVE超黏磨耗层。

①乳化沥青。在BCR改性乳化沥青的基础上掺加增黏剂、改性剂、稳定剂和相溶剂后,形成黏结性能、弹性恢复性能、高温稳定性及低温抗裂性均较好的复合改性乳化沥青。改性乳化沥青的破乳速度、与集料的黏附性、拌和试验的要求与所使用的石料品种有关,故调整级配及检验时应采用施工时实际的石料进行试验。

②玻璃纤维。在超黏磨耗层混合料中掺加玻璃纤维能起到较好的加筋、抗裂、降噪、稳定成浆的作用,可显著提升混合料耐久性能和高低温稳定性能。但玻璃纤维的掺加也会对混合料施工和易性产生不利影响,因此,应严格控制玻璃纤维掺加量。

③抗剥落剂。纤维封层内并非都使用抗剥落剂。为有效解决施工所用集料主要为酸性的问题,必须使用抗剥落剂,具体掺加量根据试验结果确定。

(10)复合式冷拌树脂碎石薄层罩面。

传统薄层沥青类材料由于低强度、高温敏感性等不足,无法牢固地黏结于热固性环氧沥青铺装表面,在车轮荷载等作用下极易剥离起皮。冷拌树脂材料同样属于热固性材料,并且具有较高的强度,对温度相对不敏感。

优选的高渗透环氧树脂黏结强度高达14MPa,相比其他树脂沥青、聚氨酯等高分子材料高出50%以上。研究采用附着力拉拔试验评估高渗透冷拌树脂与环氧沥青铺装的黏结强度,同时对比了传统沥青路面封层材料,试验结果如图2-2所示。

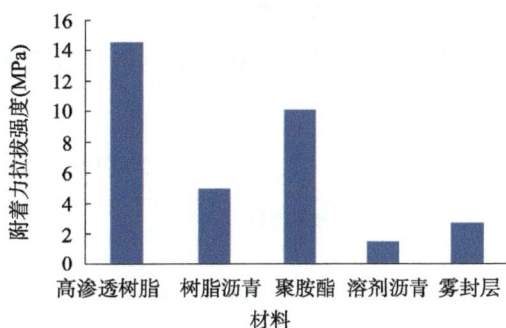

图2-2　界面黏结强度试验结果(23℃)

(11)降噪抗滑薄层罩面。

为了保证冷拌冷铺层与原路面间黏结牢固,需要改性乳化沥青有较高黏度。同时,为了保证冷拌冷铺薄层能抵抗高低温等特殊环境,改性乳化沥青需要有较高的软化点和延度。复合改性乳化沥青技术要求及检测指标见表2-17。

复合改性乳化沥青技术要求及检测指标　　　　　　　　　　　表2-17

试验项目		规范要求	试验结果	试验方法
破乳速度		—	快裂	乳化沥青破乳速度试验 JTG E20—2011 T 0658
粒子电荷		阳离子(＋)	阳离子(＋)	乳化沥青微粒离子电荷试验 JTG E20—2011 T 0653
筛上剩余量(1.18mm)(%)		≤0.1	0.04	乳化沥青筛上剩余量试验 JTG E20—2011 T 0652
恩格拉黏度 E_{25}(s)		3~30	15	沥青恩格拉黏度试验 JTG E20—2011 T 0622
163℃, 5h残留物	固含量(%)	≥60	63.8	乳化沥青蒸发残留物含量试验 JTG E20—2011 T 0651
	针入度(25℃,100g,5s) (0.1mm)	40~100	52.1	沥青针入度试验 JTG E20—2011 T 0604
	软化点(℃)	≥53	80	沥青软化点试验 JTG E20—2011 T 0606
	延度(5℃)(cm)	≥20	40.2	沥青延度试验 JTG E20—2011 T 0605
	弹性恢复(25℃)(%)	≥97.5	98	沥青弹性恢复试验 JTG E20—2011 T 0662
存储稳定性	1d(%)	≤1	0.7	乳化沥青储存稳定性试验 JTG E20—2011 T 0655
	5d(%)	≤5	2.7	

（12）ARC 抗裂薄层罩面。

①沥青。ARC-10 超韧磨耗层混合料采用 PG82 型高韧高弹复合改性沥青，其技术指标见表 2-18。

PG82 型高韧高弹型复合改性沥青施工中的主要技术指标　　　　表 2-18

技术指标	具体要求	试验方法
针入度(25℃,100g,5s)(0.1mm)	40～70	沥青针入度试验 JTG E20—2011 T 0604
软化点 TR&B(℃)	≥85	沥青软化点试验 JTG E20—2011 T 0606
延度(5℃,5cm/min)(cm)	≥40	沥青延度试验 JTG E20—2011 T 0605
运动黏度(150℃)(Pa·s)	≤3	沥青旋转黏度试验
运动黏度(135℃)(Pa·s)	≤5	JTG E20—2011 T 0625
动力黏度(60℃)(Pa·s)	≥200000	沥青动力黏度试验 JTG E20—2011 T 0620
闪点(℃)	≥230	沥青闪点与燃点试验 JTG E20—2011 T 0611
黏韧性(25℃)(N·m)	≥20	沥青黏韧性试验
韧性(25℃)(N·m)	≥10	JTG E20—2011 T 0624
弹性恢复(25℃,5min)(%)	≥95	沥青弹性恢复试验 JTG E20—2011 T 0662
溶解度(三氯乙烯)(%)	≥99	沥青溶解度试验 JTG E20—2011 T 0607
离析,48h 软化点差(℃)	≤2.5	聚合物改性沥青离析试验 JTG E20—2011 T 0661
质量变化(%)	±1.0	沥青旋转薄膜加热试验 JTG E20—2011 T 0610
针入度比(25℃)(%)	≥70	沥青针入度试验 JTG E20—2011 T 0604
延度(5℃,5cm/min)(cm)	≥30	沥青延度试验 JTG E20—2011 T 0605
$G^*/\sin\delta \geq 2.2kPa$ 临界温度(℃)	≥82	沥青流变性质试验 JTG E20—2011 T 0628

②黏层油。ARC-10 超韧超黏磨耗层施工采用异步普通摊铺工艺时,喷洒专用高渗高黏不黏轮黏层油,其具体技术指标见表 2-19。

高渗高黏不黏轮黏层油技术指标 表 2-19

技术指标	技术要求	试验方法
外观	黑色液体	目测
固含量(%)	≥45	乳化沥青蒸发残留物含量试验 JTG E20—2011 T 0651
黏度(Pa·s)	≤0.05	沥青旋转黏度试验 JTG E20—2011 T 0625
低温柔度(-20℃)	无裂纹、断裂	建筑防水涂料试验方法 GB/T 16777—2008
拉伸强度(MPa)	≥1.0	
断裂伸长率(%)	≥200	
不透水性(0.3MPa)	30min 不渗水	
黏结强度(25℃)(MPa)	≥0.6	道桥用防水涂料 JC/T 975—2005
黏结强度(50℃)(MPa)	≥0.4	
拉伸强度保持率(%)	≥80	建筑防水涂料试验方法 GB/T 16777—2008
断裂伸长率(%)	≥150	
低温柔度(-15℃)	无裂纹、断裂	

(13)ZTS 耐久型罩面。

ZTS 是针对超薄罩面沥青混合料力学需求专门开发的一种低熔点、高流动性聚合物改性剂。ZTS 在混合料拌和过程中直投加入,在高温与拌和产生的剪切作用下熔融并分散,可使混合料的黏结性能大幅提升,混合料冷却后又能起到加筋作用,提升面层混凝土柔韧性,推荐 ZTS 用量为混合料质量的 0.4%,具体如图 2-3 所示。

a) ZTS

b) 添加ZTS的沥青混合料

图 2-3 ZTS 及添加 ZTS 的沥青混合料

ZTS 的技术要求见表 2-20。ZTS 熔点低,对拌和温度要求不高,流动性高,在沥青混合料中无须高温即可均匀分散。

ZTS 的技术要求 表 2-20

项目	技术要求	试验方法
外观	颗粒状、均匀、饱满	—
单粒颗粒质量(g)	≤0.015	—
密度(g/cm³)	0.85 ~ 0.99	《塑料 非泡沫塑料密度的测定 第1部分:浸渍法、液体比重瓶法和滴定法》(GB 1033.1—2008)
熔融指数(135℃,2.16kg)(g/10min)	≥3	《塑料 热塑性塑料熔体质量流动速率(MFR)和熔体体积流动速率(MVR)的测定 第1部分:标准方法》(GB 3682.1—2018)

普通 70 号基质沥青及其添加 ZTS 的改性沥青的技术指标要求见表 2-21。

普通 70 号基质沥青及其 ZTS 改性沥青的技术指标要求 表 2-21

技术指标		ZTS 改性沥青	70 号基质沥青	试验方法
针入度(25℃,100g,5s)(0.1mm)		66	60 ~ 80	沥青针入度试验 JTG E20—2011 T 0604
延度(cm)		43.5(5℃)	≥20(10℃)	沥青延度试验 JTG E20—2011 T 0605
软化点(℃)		61	≥45	沥青软化点试验 JTG E20—2011 T 0606
运动黏度(135℃)(Pa·s)		1.5	—	沥青旋转黏度试验 JTG E20—2011 T 0625
闪点(℃)		267	≥260	沥青闪点与燃点试验 JTG E20—2011 T 0611
溶解度(三氯乙烯)(%)		99.7	≥99.5	沥青溶解度试验 JTG E20—2011 T 0607
TFOT(RTFOT)后	质量变化(%)	-0.3	≤ ±0.8	沥青旋转薄膜加热试验 JTG E20—2011 T 0610
	针入度比(25℃)(%)	82	≥75	沥青针入度试验 JTG E20—2011 T 0604
	延度(5℃)(cm)	28	≥6(10℃)	沥青延度试验 JTG E20—2011 T 0605

2.3.2 集料

2.3.2.1 集料的种类

（1）粗集料。

根据《公路沥青路面施工技术规范》（JTG F40—2004）的要求[59]，沥青层用粗集料应该洁净、干燥、表面粗糙，质量应符合表 2-22 的规定。高速公路、一级公路沥青路面的表面层（或磨耗层）的粗集料的黏附性、磨光值应符合表 2-23 的要求。

沥青混合料用粗集料质量技术要求　　　　　　　　　　　　　表 2-22

指标	高速公路及一级公路		其他等级公路	试验方法
	表面层	其他层次		
石料压碎值（不大于）（%）	26	28	30	粗集料压碎值试验 JTG 3432—2024 T 0316
洛杉矶磨耗值（不大于）（%）	28	30	35	粗集料磨耗值试验 JTG 3432—2024 T 0317
表观相对密度（不小于）	2.60	2.50	2.45	粗集料密度及吸水率试验 JTG 3432—2024 T 0304
吸水率（不大于）（%）	2.0	3.0	3.0	
坚固性（不大于）（%）	12	12	—	粗集料坚固性试验 JTG 3432—2024 T 0314
针片状颗粒含量（混合料）（不大于）（%）	15	18	20	粗集料针片状颗粒含量试验 JTG 3432—2024 T 0312
其中粒径大于 9.5mm（不大于）（%）	12	15	—	
其中粒径小于 9.5mm（不大于）（%）	18	20	—	
水洗法 <0.075mm 颗粒含量（不大于）（%）	1	1	1	粗集料含泥量及泥块含量试验 JTG 3432—2024 T 0310
软石含量（不大于）（%）	3	5	5	粗集料软弱颗粒含量试验 JTG 3432—2024 T 0320

粗集料与沥青的黏附性、磨光值的技术要求　　　　　　　　　　表 2-23

雨量气候区	潮湿区	湿润区	半干区	干旱区	试验方法
年降雨量（mm）	>1000	1000 ~ 500	500 ~ 250	<250	—
粗集料的磨光值 PSV（不小于）高速公路、一级公路表面层	42	40	38	36	粗集料磨光值试验 JTG 3432—2024 T 0321
粗集料与沥青的黏附性（不小于）高速公路、一级公路表面层	5	4	4	3	沥青与粗集料的黏附性试验 JTG E20—2011 T 0616
高速公路、一级公路的其他层及其他等级公路的各个层次	4	4	3	3	

（2）细集料。

根据《公路沥青路面施工技术规范》（JTG F40—2004）的要求,细集料应洁净、干燥、无风化、无杂质,并有适当的颗粒级配,其质量应符合表2-24的规定。

沥青混合料用细集料质量要求 表2-24

项目	高速公路、一级公路	其他等级公路	试验方法
表观相对密度（不小于）	2.50	2.45	细集料表观密度试验 JTG 3432—2024 T 0328
坚固性（>0.3mm部分）（不小于）（%）	12	—	细集料坚固性试验 JTG 3432—2024 T 0340
含泥量（小于0.075mm的含量）（不大于）（%）	3	5	细集料含泥量试验 JTG 3432—2024 T 0333
砂当量（不小于）（%）	60	50	细集料砂当量试验 JTG 3432—2024 T 0334
亚甲蓝值（不大于）（g/kg）	25	—	细集料亚甲蓝试验 JTG 3432—2024 T 0349
棱角性（流动时间）（不小于）（s）	30	—	细集料棱角性试验 JTG 3432—2024 T 0345

（3）填料。

根据《公路沥青路面施工技术规范》（JTG F40—2004）的要求,沥青混合料的矿粉必须采用石灰岩中的强基性岩石等憎水性石料经磨细得到的矿粉,原石料中的泥土杂质应除净,矿粉应干燥、洁净,能自由地从矿粉仓流出,其质量应符合表2-25的要求。

沥青混合料用矿粉质量要求 表2-25

项目		高速公路、一级公路	其他等级公路	试验方法
表观密度（不小于）（t/m³）		2.50	2.45	填料密度试验 JTG 3432—2024 T 0352
含水率（不大于）（%）		1	1	烘干法 JTG 3430—2020 T 0103
粒度范围	<0.6mm（%）	100	100	填料筛分试验 JTG 3432—2024 T 0351
	<0.15mm（%）	90~100	90~100	
	<0.075mm（%）	75~100	70~100	
外观		无团粒结块	—	目测

续上表

项目	高速公路、一级公路	其他等级公路	试验方法
亲水系数(%)	<1	—	填料亲水系数试验 JTG 3432—2024 T 0353
塑性指数(%)	<4	—	填料塑性指数试验 JTG 3432—2024 T 0354
加热安定性	实测记录	—	填料加热安定性试验 JTG 3432—2024 T 0355

2.3.2.2 薄层罩面技术中采用的集料

(1)OGFC 超薄磨耗层。

根据国外的施工经验,使用 13mm 集料的路面在降低噪声、耐久性、施工性等方面具有优点,而且排水功能能够满足规范要求,因此,建议使用 13mm 集料。要求集料耐久、干净,不能使用表面有黏土或灰尘包裹而影响沥青黏附性的集料。

①粗集料。OGFC 超薄磨耗层中粗集料占比大约为 80%,通过集料相互嵌挤形成骨架结构。其强度、硬度和耐磨性等直接关系到整个磨耗层结构的稳定性,粗集料形状以方形石为佳。扁平细长的石料容易在铺设时破碎,或不易掌握反向角度,并且降低排水功能,因此最好不要使用。粗集料主要技术性能指标应满足表 2-22 中高速公路及一级公路表面层的技术要求。

②细集料。细集料应选择棱角较多、与沥青黏附性能好的材料,可以使用少量人工砂,但不能混入黏土、灰尘等有害物质。自然石的粒子形状较圆,降低了混合料的结合力,最好不要使用。细集料主要技术性能指标应满足表 2-24 中高速公路及一级公路的技术要求。

③填料。OGFC 超薄磨耗层因其空隙率较大,对沥青与集料的黏附性有着严格的要求,而矿粉对沥青与集料之间的黏附性有着至关重要的作用,主要是因为矿粉加到沥青混合料中可以使沥青吸附在矿粉表面形成一种增加沥青与集料黏附性的薄膜,而且在此薄膜的作用下混合料的强度会提高,因此矿粉的性能指标必须符合要求。通常 OGFC 超薄磨耗层选用的矿粉是石灰岩矿粉,它是一种碱性矿粉,拌和时可以使沥青充分吸附在矿粉表面。矿粉主要技术性能指标应满足表 2-25 中高速公路及一级公路的技术要求。

(2)SMA 超薄磨耗层。

SMA 超薄磨耗层沥青混合料中,集料具有非常重要的影响和作用,具有不可替代的价值。集料普遍分为粗集料、细集料、填料等,要保证材料的质地均匀,同时要保证其洁净,没有任何杂质。其中,粗集料在应用时,其针片率普遍比较低,同时卵石的含量比较低。通常在应用过程中可以在高等级的公路磨耗层中实现合理利用粗集料。集料通常都会选择质地相对坚硬的玄武岩材料,这样有利于对骨架起到良好的支撑作用。玄武岩的技术指标要求需满足表 2-22 中高速公路及一级公路表面层的相关指标。

（3）Thus 极薄磨耗层。

①粗集料。所选粗集料为典型高等级公路路面使用的玄武岩集料，其洛杉矶磨耗损失检测结果为 15.3%，规范要求≤28%；细长偏颗粒含量（3∶1）检测结果为 4.7%，规范要求≤10%；狄法尔磨耗损失检测结果为 10.5%，规范要求≤18%；坚固性检测结果为 6.9%，规范要求为≤12%；其他技术指标应满足表 2-22 中高速公路及一级公路表面层的质量技术要求。

②细集料。所选用的细集料为机制砂，机制砂应干燥、洁净、无杂质，且与沥青有良好的黏结能力。该工程细集料砂当量检测结果为 64.5%，规范要求≥60%；棱角性检测结果为 47.9%，规范要求≥30%；其他技术指标应满足表 2-24 中高速公路及一级公路表面层的质量技术要求。

③填料。沥青混合料的填料宜采用石灰岩或岩浆岩中的强基性岩石等憎水性石料经磨细得到的矿粉，矿粉要求干燥、洁净。该工程填料检测结果 0.6mm 方孔筛通过率为 100%，0.075mm 方孔筛通过率为 76.3%；相关性能指标应满足表 2-25 中高速公路及一级公路表面层的质量技术要求。

（4）Nova Chip 超薄磨耗层。

①粗集料。Nova Chip 超薄磨耗层用粗集料必须满足我国公路设计规范对抗滑表层集料的技术标准，粗集料需达到表 2-22 中高速公路及一级公路表面层各项要求。Nova Chip 超薄磨耗层对粗集料的岩性没有特别说明，但必须满足硬度、黏附性、棱角性等要求，多种石料掺配时需按比例调配。

Nova Chip 超薄磨耗层作为一种表面磨耗层，首先需要满足的就是耐磨耗的要求[60]。国内通常使用洛杉矶法来评价，洛杉矶磨耗值是评价粗集料使用性能的关键性指标。集料的洛杉矶磨耗值直接制约着耐久性、抗磨耗性、抗车辙性等路面使用性能。研究表明，洛杉矶磨耗损失小的石料性能优越，硬度、耐磨性及耐久性都能满足设计要求。风化严重或含软弱成分的石料的性能较差，对应的洛杉矶磨耗损失也相应较大，常无法满足洛杉矶磨耗损失试验的技术标准。

②细集料。Nova Chip 超薄磨耗层用细集料必须满足我国公路设计规范对抗滑表层集料的技术标准，细集料需达到表 2-24 中高速公路及一级公路表面层各项要求。Nova Chip 超薄磨耗层中可以采用机制砂作为细集料，要求机制砂洁净、干燥、未风化且不含杂质，同时机制砂的黏附性必须满足要求。

③填料。Nova Chip 超薄磨耗层用填料宜采用憎水性石料，实际工程应用中常选用石灰岩矿粉代替。要求填料满足表 2-25 中高速公路及一级公路表面层的质量技术要求，且干燥、洁净无杂质。

（5）DCT 超黏极薄罩面。

①粗集料。粗集料类型为玄武岩，分为 5~10mm、3~5mm 两种规格。为保证集料充分

发挥嵌挤作用,石料形状应破碎完整,接近正方体,性能指标还需满足现场路面铺筑使用要求,需达到表2-22中高速公路及一级公路表面层各项要求。

②细集料。细集料应采用坚硬、洁净、干燥、无风化、无杂质并有适当级配的石灰岩机制砂,严禁采用山场碎石的下脚料。机制砂应采用专用的制砂机制造,只有0～3mm一种规格,需达到表2-24中高速公路及一级公路表面层各项要求。

③填料。混合料采用的填料必须是强基性岩石等憎水性石料经磨细得到的填料。为保证沥青面层的质量,填料应洁净、干燥、流动性好,且泥土杂质含量低,其技术要求及指标需满足表2-25中高速公路及一级公路表面层的质量技术要求。

（6）UTAC超薄罩面。

集料主要技术指标及要求见表2-26。

集料主要技术指标及要求 表2-26

	检测项目	标准	试验方法		检测项目	标准	试验方法
碎石 (5～10mm)	表观相对密度	≥2.5	粗集料密度及吸水率试验 JTG 3432—2024 T 0304	机制砂	表观相对密度	≥2.5	细集料表观密度试验 JTG 3432—2024 T 0328
	小于0.075mm颗粒含量(%)	≤1.0	粗集料含泥量及泥块含量试验 JTG 3432—2024 T 0310		含泥量(小于0.075mm的颗粒含量)(%)	≤10	细集料含泥量试验 JTG 3432—2024 T 0333
	压碎值(%)	≤21	粗集料压碎值试验 JTG 3432—2024 T 0316				
	针片状颗粒含量(%)	≤10	粗集料针片状颗粒含量试验 JTG 3432—2024 T 0312		砂当量(%)	≥70	细集料砂当量试验 JTG 3432—2024 T 0334

矿粉主要技术性能指标应满足表2-25中高速公路及一级公路的技术要求。

（7）ECA超薄罩面超薄罩面。

①粗集料。粗集料应采用石质坚硬、清洁、不含风化颗粒、近似立方体颗粒的碎石,粒径>4.75mm,宜采用玄武岩集料或辉绿岩集料。

②细集料。细集料应采用坚硬、洁净、干燥、无风化、无杂质并有适当级配的人工轧制的玄武岩、辉绿岩或石灰岩细集料,不能采用山场的下脚料。

③填料。矿粉宜采用石灰岩碱性石料经磨细得到的矿粉。矿粉必须干燥、清洁,拌和机回收的粉料不得用于拌制沥青混合料。

④聚酯/玄武岩纤维。为提高沥青混合料的路用性能,ECA-10沥青混合料中一般掺加0.2%～0.3%的聚酯纤维或玄武岩纤维,其中聚酯纤维技术具体要求见表2-27。

聚酯纤维技术具体要求   表 2-27

试验项目	技术要求	试验方法
抗拉强度（MPa）	≥550	纤维断裂强度和断裂伸长率试验方法
断裂伸长率（%）	30±9	（JT/T 533—2020 附录 S）
颜色	白色	目测
熔点（℃）	≥230	低熔点聚酯复合纤维粘结温度试验方法 FZ/T 50038—2017
直径（mm）	20±4	纤维长度和直径试验方法 JT/T 533—2020 附录 H
密度（g/cm³）	1.36~1.40	比重瓶法测定纤维密度试验方法 JT/T 533—2020 附录 S

⑤碾压助剂（CA-1）。为保证 ECA-10 沥青混合料压实效果，节约能源，改善施工环境，在沥青混合料中添加了碾压助剂 CA-1。CA-1 技术具体要求见表 2-28。

CA-1 技术具体要求   表 2-28

检测项目	技术要求	试验方法
胺值	400~560	温拌剂胺值试验方法《沥青混合料改性添加剂 第 6 部分：温拌剂》(JT/T 860.6—2025) 附件 A
固含量（%）	≥10	细集料含水率快速试验（参照）JTG 3432—2024 T 0343
pH 值	9.5±1.0	温拌剂 pH 值试验方法《沥青混合料改性添加剂 第 6 部分：温拌剂》(JT/T 860.6—2025) 附件 B

⑥高黏改性乳化沥青黏层油。为增大超薄罩面与下卧层之间的层间黏结力，在摊铺 ECA-10 沥青混合料之前，需要喷洒高黏乳化沥青黏层油。

（8）加入温拌剂的超薄磨耗层。

①粗集料。粗集料应采用石质坚硬、清洁、不含风化颗粒、近似立方体颗粒的碎石，粒径大于 4.75mm，需达到表 2-22 及表 2-23 中高速公路及一级公路表面层各项要求。

②细集料。细集料应采用坚硬、洁净、干燥、无风化、无杂质并有适当级配的人工轧制的玄武岩、辉绿岩或石灰岩细集料，不能采用山场的下脚料。细集料技术要求及检测指标见表 2-29。

集料技术要求及检测指标　　　　　　表 2-29

检测项目	技术要求	试验方法
表观密度（g/cm³）	≥2.50	细集料表观密度试验 JTG 3432—2024 T 0328
砂当量（%）	≥60	细集料砂当量试验 JTG 3432—2024 T 0334
含泥量（小于 0.075mm 的含量）（%）	≤3	细集料含泥量试验 JTG 3432—2024 T 0333

③填料。矿粉宜采用石灰岩碱性石料经磨细得到的矿粉，矿粉必须干燥、清洁，拌和机回收的粉料不得用于拌制沥青混凝土，要求填料满足表 2-25 中高速公路及一级公路表面层的质量技术要求。

（9）HVE 超黏磨耗层。

应选择坚硬、耐磨、洁净的集料，一般情况下集料采用玄武岩等坚硬耐磨的碱性石料，砂当量大于 65%，其具体技术要求见相关技术规范。HVE 超黏磨耗层粗集料主要采用的是粒径 2.36 ~ 4.75mm、4.75 ~ 9.50mm 的硬质耐磨偏碱性反击破加工碎石料，具备较好的黏附性、抗滑性及耐磨性；细集料则采用粒径 0 ~ 2.36mm 的偏碱性水洗石粉，以增强集料与旧路面的黏结性能及混合料油膜厚度，具体指标需达到表 2-22 中高速公路及一级公路表面层各项要求。

（10）复合式冷拌树脂碎石薄层罩面。

应选择棱角较多、与沥青黏附性能好的材料，可以使用少量人工砂，但不能混入黏土、灰尘等有害物质，其细集料的主要技术性能指标应满足表 2-24 中的高速公路及一级公路的技术要求。

（11）降噪抗滑薄层罩面。

①粗集料。冷拌冷铺薄层是厚度较小（1.0 ~ 1.5cm）的薄层结构，混合料的骨架结构是由粒径较大的粗集料组成的，粗集料的性能好坏将直接影响混合料的性能。因此，为了提高冷拌冷铺薄层的整体性能，避免早期病害的发生，选择粗集料时重点关注磨光值、磨耗值和压碎值。同时，冷拌冷铺薄层所用的胶结料为乳化沥青，乳化沥青中含有较多水分。通常乳化沥青破乳时，外部的破乳速度快于内部，为了避免水分残留在混合料内部而影响集料和沥青间的黏结力，在选用粗集料时，还应该重点关注粗集料的吸水率。基于上述指标，经过对多种粗集料比选后，选择高洁净度的玄武岩作为冷拌冷铺薄层的粗集料，其各项物理特性指标应满足表 2-22 及表 2-23 中高速公路及一级公路表面层的质量技术要求。

②细集料。细集料主要用于填充混合料的空隙，其性能的好坏也是影响混合料性能的因素之一。为了避免细集料与胶结料黏结力不足，选择细集料时应关注含泥量和砂当量。同时，棱角性较好的细集料能增大其与粗集料间的摩擦力，提高混合料性能，因此，也应当关注细集料的棱角性。基于上述指标，经过对多种细集料比选后，选择与沥青黏附性更好的石

灰岩作为冷拌冷铺薄层的细集料,其各项物理特性指标需达到表2-24中高速公路及一级公路表面层各项要求。

③水泥。在混合料拌和时加入适量的水泥,不仅可以缩短混合料的可拌和时间,还能提高混合料的性能。因此,采用PO 42.5硅酸盐水泥,其各项物理性能指标见表2-30。

水泥物理性能指标 表2-30

检测项目	细度(%)	安定性	凝结时间(min)		3d强度(MPa)		28d强度(MPa)	
			初凝	终凝	抗折	抗压	抗折	抗压
技术要求	≤10.0	≤5	≥45	≤600	≥3.5	≥17.0	≥6.5	≥42.5
测试结果	2.67	2.2	172	284	5.5	27.2	8.6	49.3

④矿粉。选用的矿粉由石灰石研磨而成,相关性能指标应满足表2-25中高速公路及一级公路表面层的质量技术要求。

⑤纤维。纤维已在工程中广泛应用,主要有聚丙烯纤维、玻璃纤维、木质素纤维、玄武岩纤维等,各种纤维性能有所不同。玄武岩纤维的原材料是天然玄武岩矿石,在1450℃环境下熔融拉丝而成,能显著提升材料的抗裂性能,是一种符合国家绿色环保要求的材料。因此为了提高混合料的性能,研究选择图2-4所示的玄武岩纤维,其基本性能见表2-31。

图2-4 玄武岩纤维

玄武岩纤维基本性能指标 表2-31

纤维类型	颜色	长度(mm)	当量直径(μm)	密度(g/cm³)	断裂延伸率(%)	拉伸强度(MPa)
玄武岩纤维	褐色	6	6~7	2.8~3.3	3	1300

(12)ARC抗裂薄层罩面。

①粗集料。ARC-10超韧超黏磨耗层所用粗集料要求采用耐磨耗性能好、黏附性能好的优质反击破加工成型集料,应采用玄武岩或辉绿岩集料,所用粗集料技术要求见表2-32。

ARC-10 超韧超黏磨耗层粗集料技术指标要求　　　　表 2-32

技术指标	技术要求	试验方法
石料压碎值(%)	≤18	粗集料压碎值试验 JTG 3432—2024 T 0316
洛杉矶磨耗损失(%)	≤20	粗集料磨耗值试验 JTG 3432—2024 T 0317
表观相对密度	≥2.60	粗集料密度及吸水率试验 JTG 3432—2024 T 0304
吸水率(%)	≤1.0	
坚固性(%)	≤12	粗集料坚固性试验 JTG 3432—2024 T 0314
黏附性(%)	≥4	沥青与粗集料的黏附性试验 JTG E20—2011 T 0616
针片状颗粒含量(%)	≤8	粗集料针片状颗粒含量试验 JTG 3432—2024 T 0312
水洗法 <0.075mm 颗粒(%)	≤1	粗集料含泥量及泥块含量试验 JTG 3432—2024 T 0310
软石含量(%)	≤1	粗集料软弱颗粒含量试验 JTG 3432—2024 T 0320
粗集料磨光值 PSV(BPN)	≥42	粗集料磨光值试验 JTG 3432—2024 T 0321

②细集料。ARC-10 超韧超黏磨耗层所用细集料要求采用机制砂或反击破加工生成的石屑,100% 破碎加工而成,洁净无杂质,满足 0~3mm 规格,岩性应与粗集料保持一致。所采用细集料主要技术性能指标应满足表 2-24 中高速公路及一级公路的技术要求。

③矿粉。对碱性石灰岩进行细磨,从而获得清洁、干燥的矿粉,其主要技术性能指标应满足表 2-25 中高速公路及一级公路的技术要求。

(13)ZTS 耐久型罩面。

超薄罩层作为表面磨耗层,需使用坚硬耐磨的矿料,采用 8~11mm 的玄武岩作为粗集料,采用 0~3mm 的石灰石机制砂作为细集料,采用石灰岩矿粉作为填料,其各项性能指标应满足表 2-22~表 2-25 中高速公路及一级公路的技术要求。

第3章

高性能薄层罩面混合料组成设计

3.1 热拌薄层罩面技术

3.1.1 OGFC 超薄磨耗层

（1）目标空隙率的选择。

OGFC 超薄磨耗层以其优良的排水、降噪、抗滑等性能,在路面磨耗层中的应用有着广阔的前景,而其排水、降噪、抗滑等性能与空隙率的大小有着密切的关系,因此在进行 OGFC 混合料配合比设计时,首先要确定其目标空隙率的大小。当 OGFC 超薄磨耗层空隙率小于 10% 时,其排水能力与密级配沥青混合料类似,但是排水方式与密级配沥青路面却有所不同,主要区别是 OGFC 磨耗层是将路面积水通过表层引流至不透水的面层,并从行车道边缘排出。

OGFC 超薄磨耗层的路面性能主要包含结构性能与使用性能。其结构性能主要有排水、降噪、抗滑等,使用性能主要有耐久性、稳定性等,通常情况下空隙率越大其排水性能越好,抗滑和降噪性能也就越好,但是当空隙率较大时其耐久性、强度、稳定性又较差。国外对 OGFC 混合料的目标空隙率也有一定的要求,其中美国大多数路面主要以抗滑为主,所以要求其空隙率在 15% 左右。日本、英国、法国等国起初也要求其空隙率在 15% 左右,但是随着使用时间的延长,路面的空隙逐渐被灰尘堵塞,其排水性能衰减较大。为保证其排水功能,目前,日本以及欧洲各国要求其目标空隙率达到 20%,我国在《公路沥青路面施工技术规范》(JTG F40—2004)中规定其空隙率为 18% ~25% 。

目标空隙率的选取也应当考虑当地的降雨量以及交通情况。空隙率的选取也不是越大越好,空隙率较大会影响其使用性能,而较小又会影响其排水和降噪性能。因此,在进行 OGFC 混合料配合比设计时,应综合考虑各种因素,选择一个合适的空隙率。

(2)矿料级配的确定。

沥青混合料是按照规定的级配将粗集料、细集料以及填料等矿料以一定的比例与一定量的沥青拌和而成,其级配不同,则沥青混合料的性能也会不同。目前,OGFC 超薄磨耗层的厚度大约为 20mm,其最大公称粒径通常选择 9.5mm 或 13.2mm,而国内外对 OGFC 超薄磨耗层级配类型的研究主要以 OGFC-10 以及 OGFC-13 这两种级配类型为主。

(3)最佳沥青用量的确定。

OGFC 混合料最佳沥青用量的确定,首先由谢伦堡析漏试验、肯塔堡飞散试验确定最大沥青用量、最小沥青用量,以此来确定最佳沥青用量的范围,最后参照马歇尔试验确定最佳的沥青用量。根据相关经验,OGFC 混合料的沥青用量通常为 4% ~6% 。

(4)配合比设计指标。

OGFC 超薄磨耗层配合比设计主要是利用析漏试验、飞散试验来确定最佳沥青用量,通过马歇尔试验、车辙试验等进行验证,其性能指标应与表 3-1 相符。

OGFC 超薄磨耗层性能指标　　　　　　　表 3-1

检验指标	技术要求	试验方法
马歇尔稳定度(kN)	>6	沥青混合料马歇尔稳定度试验 JTG E20—2011 T 0709
空隙率(%)	18 ~25	压实沥青混合料密度试验 JTG E20—2011 T 0708
析漏损失(%)	<0.3	沥青混合料谢伦堡沥青析漏试验 JTG E20—2011 T 0732
飞散损失(%)	<15	沥青混合料肯塔堡飞散试验 JTG E20—2011 T 0733
动稳定度(次/mm)	>3000	沥青混合料车辙试验 JTG E20—2011 T 0719

3.1.2　SMA 超薄磨耗层

(1)级配。

结合目前超薄磨耗层在公路养护中的应用现状,由于超薄磨耗层在各个不同区域范围内都可以实现合理利用,各地区普遍都会选择级配、厚度之间具有一定差异的标准。目前在公路养护管理工作开展中,比较常见的级配包括 SMA-10、UTFC-10、OGFC-10、SAC-10 等。这些不同级配的超薄磨耗层相互之间存在的差异主要体现在材料方面,尤其是关键筛孔粒径通过率具有非常明显的差异,同时对成型的混合料空隙率、稳定性等也存在明显的不同。在整个排水路面方面,对 OGFC 透水性路面进行深入分析,有利于达到良好的使用效果。而在重载交通方面,可以利用 SMA 级配,对路面磨耗以及车辙变形问题比较严重的路段,则可以根据实际要求,对 SAC 或者是 UTFC 磨耗层进行合理利用。SMA-10 矿料级配选择见表3-2。

SMA-10 矿料级配选择 表3-2

级配范围	各筛孔(mm)通过的质量百分率(%)								
	13.200	9.500	4.750	2.360	1.180	0.600	0.300	0.150	0.075
上限	100	100	36	32	26	22	18	16	13
下限	100.0	98.9	36.6	30.3	24.6	18.6	15.2	12.7	10.4

(2)油石比。

在磨耗层沥青用量选择方面,通常以试验操作为基础,这样有利于对整个试件自身的旋转压实成型情况进行确定。与此同时,压实的次数要结合目前提的一系列规范化的标准和要求;要结合路面施工技术,对50次的固定旋转次数进行确定;要对其压力进行有效管理和控制,将其控制在600kPa 的范围内。针对目前已经成型的混合料试件中的温度、压实特性等展开深入分析,同时要结合磨耗层混凝土的密度、空隙率等技术参数指标进行确定,以此来实现对油石比的综合分析。需要注意的是,不同的级配对应的油石比也会存在明显的差异。通常,SMA-10 级配的油石比控制在6.0%左右。另外,部分掺改性剂材料的,很有可能对最终的油石比产生影响。

(3)配合比验证。

根据确定的矿料级配和最佳油石比,对 SMA-10 沥青混合料配合比设计进行检验,主要试验为沥青混合料马歇尔试验、浸水马歇尔稳定度试验等,试验结果见表3-3。

SMA 超薄磨耗层性能指标 表3-3

检验指标	技术要求	试验方法
空隙率(%)	3~4	压实沥青混合料密度试验 JTG E20—2011 T 0705
间隙率(%)	≥17	
饱和度(%)	75~85	
稳定度(kN)	≥6.0	沥青混合料马歇尔稳定度试验 JTG E20—2011 T 0709
60℃车辙动稳定度(次/mm)	≥4000	沥青混合料车辙试验 JTG E20—2011 T 0719

续上表

检验指标	技术要求	试验方法
沥青析漏损失(%)	<0.1	沥青混合料谢伦堡沥青析漏试验 JTG E20—2011 T 0732
肯塔堡飞散损失(%)	≤15	沥青混合料肯塔堡飞散试验 JTG E20—2011 T 0733
浸水马歇尔残留稳定度(%)	≥80.0	沥青混合料马歇尔稳定度试验 JTG E20—2011 T 0709

3.1.3　Thus 极薄磨耗层

(1)混合料级配性能要求。

为了避免表面功能衰减过快和过大,提高磨耗层的表面功能,级配必须满足表 3-4 的要求。

沥青混合料级配范围　　　　表 3-4

筛孔尺寸(mm)	13.200	9.500	4.750	2.360	1.180	0.600	0.300	0.150	0.075
通过率(%)	100	80~100	20~32	16~28	12~20	8~16	6~12	5~10	3~8

沥青混合料设计要求必须满足表 3-5 的要求。

沥青混合料设计要求　　　　表 3-5

项目	要求	项目	要求
空隙率 VA(%)	≥10	粉胶比(%)	≤1.4
矿料间隙率 VMA(%)	≥21	动稳定度(次/mm)	≥4000
沥青填隙率 VFA(%)	30~60	冻融劈裂强度 TSR(%)	≥80
油膜厚度(μm)	≥9	析漏(%)	≤0.1

(2)沥青最佳用量确定。

采用理论计算方法获得混合料理论最大密度,混合料沥青用量控制指标见表 3-6。根据体积特性的要求及油膜厚度的控制,确定最佳沥青用量。

混合料沥青最佳用量控制　　　　表 3-6

沥青用量(%)	Gmm(g/cm³)	Gmb(g/cm³)	VA(%)	VMA(%)	VFA(%)	粉胶比(%)	油膜厚度(μm)
建议技术要求	—	—	≥10	≥21	30~60	<1.4	>9.0

3.1.4 Nova Chip 超薄磨耗层

（1）Nova Chip 超薄磨耗层分类。

Nova Chip 是一种断级配骨架空隙结构，可以保证 NovaBond 在破乳过程中有足够的上升空间并与罩面层混合料形成良好的黏结。具体设计中使用体积结合油膜厚度的特别混合料设计方法代替传统混合料设计方法，保证混合料有更好的耐久性能。

Nova Chip 超薄磨耗层中的粗集料构成了磨耗层的骨架结构，沥青胶结料和细集料混合性能沥青胶浆填充在骨架结构内部。Nova Chip 超薄磨耗层粗集料含量为 70% ~80%，细集料含量为 20% ~30%，用油量为 4.6% ~5.6%。按照集料级配进行分类，Nova Chip 分为 A、B、C 三类。A、B、C 各类磨耗层结构中集料的最大公称粒径为 4.75mm、9.5mm 和 12.5mm，磨耗层的摊铺厚度在 1.5 ~2.5cm 范围内。A 类超薄磨耗层结构较为密实，构造深度较大，摩擦性能较好；C 类超薄磨耗层结构构造深度更大，摩擦性能更好，但摊铺厚度较大，工程造价较高；B 类超薄磨耗层各项指标介于 A、C 类磨耗层结构之间，因此应用最为广泛，且施工后结构的美观性更好。A、B、C 各类磨耗层级配范围见表 3-7 ~ 表 3-9。

A 类磨耗层级配范围（厚度：1.0 ~1.5cm）　　表 3-7

筛孔（mm）	13.2	9.5	4.75	2.36	0.075
5 ~10	100	100	<10	<5	<1
3 ~5	100	100	>90	<10	<1
0 ~3	100	100	100	>90	<10

B 类磨耗层级配范围（厚度：1.6 ~2.0cm）　　表 3-8

筛孔（mm）	13.2	9.5	4.75	2.36	0.075
5 ~10	100	>90	<8		<1
0 ~3	100	100	100	>90	<10

C 类磨耗层级配范围（厚度：2.0 ~2.5cm）　　表 3-9

筛孔（mm）	16	13.2	9.5	4.75	2.36	0.075
10 ~15	100	>90	<10	<5		<
5 ~10	100	100	>90	<8		<1
0 ~3		100	100	100	>90	<10

（2）Nova Chip 混合料设计要求。

混合料配合比设计必须满足表 3-10 的指标要求。

混合料配合比要求　　　表 3-10

通过重量百分比			
方孔筛大小	4.75mm（A类）	9.5mm（B类）	12.5mm（C类）
ASTM	设计限值（%）	设计限值（%）	设计限值（%）
19.00mm	100	—	100
12.500mm	100	100	85～100
9.500mm	100	80～100	60～80
4.750mm	40～55	25～35	25～35
2.360mm	20～30	23～30	23～30
1.180mm	15～25	12～22	12～22
0.600mm	8～16	8～16	8～16
0.300mm	6～12	6～12	6～12
0.150mm	5～10	5～10	5～10
0.075mm	4～7	4～7	4～7
典型厚度（mm）	15	18	22

注：通常推荐使用16mm方孔筛通过率为100%的集料。含有16mm以上集料的沥青混合料由于施工原因，需要适当增大摊铺厚度。

超薄磨耗层混合料试件的成型宜采用旋转压实法，混合料设计时根据室内试验结果，结合材料的体积参数和性能指标确定最佳用油量。

3.1.5　DCT 超黏极薄罩面

开级配沥青混合料具备较大的空隙率，降噪效果及抗滑性能均有大幅度提升，但耐久性较差。而沥青路面常用的密级配沥青混合料虽耐久性较好，但空隙率较低，降噪效果及抗滑性能不及开级配混合料。因此，综合开级配及密级配沥青混合料的优点为：空隙率为10%～15%的半开级配沥青混合料不仅具有优良的降噪、抗滑、排水及平整性能，且耐久性较好，用于沥青罩面层，可有效提高路面的耐久性与安全性。

对于粒径为5～10mm的粗集料，4.75～9.5mm出现较大的空当，级配要求太宽，对集料的评定不够准确。为此引入6.7mm的筛网，较为全面地反映为5～10mm粗集料的级配分布情况，提高集料配合比的精细化设计，有效提升半开级配混合料的施工质量。粗、细集料及矿粉的筛分结果、级配设计结果、要求级配范围见表3-11，设计合成级配曲线，如图3-1所示。

DCT 超黏极薄罩层配合比设计　　　表 3-11

筛孔尺寸（mm）	原材料筛分结果（%）				级配范围（%）			合成级配（%）
	5～10	3～5	0～3	填料	下限	中值	上限	
13.200	100.0	100.0	100.0	100.0	100.0	100.0	100.0	100.0
9.500	100.0	100.0	100.0	100.0	100.0	100.0	100.0	100.0

续上表

| 筛孔尺寸 | 原材料筛分结果（%） | | | | 级配范围（%） | | | 合成级配 |
（mm）	5～10	3～5	0～3	填料	下限	中值	上限	（%）
6.700	51.0	100.0	100.0	100.0	50.0	65.0	80.0	67.2
4.750	8.0	88.9	100.0	100.0	25.0	40.0	55.0	37.6
2.360	0.4	0.9	84.9	100.0	15.0	22.5	30.0	22.6
1.180	0.4	0.6	67.6	100.0	10.0	17.5	25.0	18.4
0.600	0.4	0.6	48.4	100.0	6.0	11.0	16.0	13.7
0.300	0.4	0.6	33.7	100.0	5.0	8.5	12.0	10.1
0.150	0.4	0.6	25.8	99.8	4.0	7.0	10.0	8.1
0.075	0.4	0.5	14.3	94.9	4.0	5.5	7.0	5.2
集料用量（%）	67	7	24.5	1.5	—	—	—	—

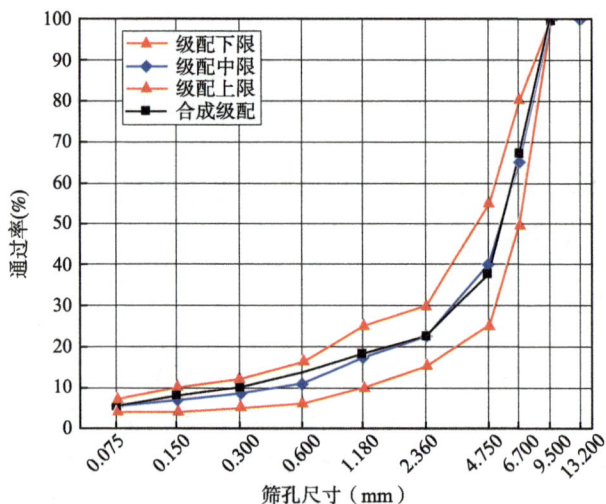

图 3-1　DCT 超黏极薄罩层级配合成图

根据设计级配下各档料的组合状况及以往经验，本次试验根据沥青的黏温曲线确定拌和温度为 170～175℃，压实温度为 160～165℃。采用马歇尔方法成型试件，设定双面击实次数为 50 次，以 0.3% 的间隔设计四种沥青油石比成型试件，分别为 4.8%、5.1%、5.4%、5.7%，各油石比下混合料的力学和体积特性见表 3-12，如图 3-2 所示。

DCT 超黏极薄罩层马歇尔试验结果　　　　表 3-12

| 油石比 | 稳定度 | 流值 | 空隙率 | 矿料间隙率 | 油膜厚度 |
（%）	（kN）	（mm）	（%）	（%）	（μm）
4.8	12.10	3.3	14.9	23.5	8.3
5.1	12.40	3.6	13.9	23.2	8.9

续上表

油石比 （%）	稳定度 （kN）	流值 （mm）	空隙率 （%）	矿料间隙率 （%）	油膜厚度 （μm）
5.4	13.62	3.9	13.0	23.0	9.4
5.7	13.17	4.0	11.9	22.5	9.9
技术要求	≥8	2~4	≥10	≥20	>9.0

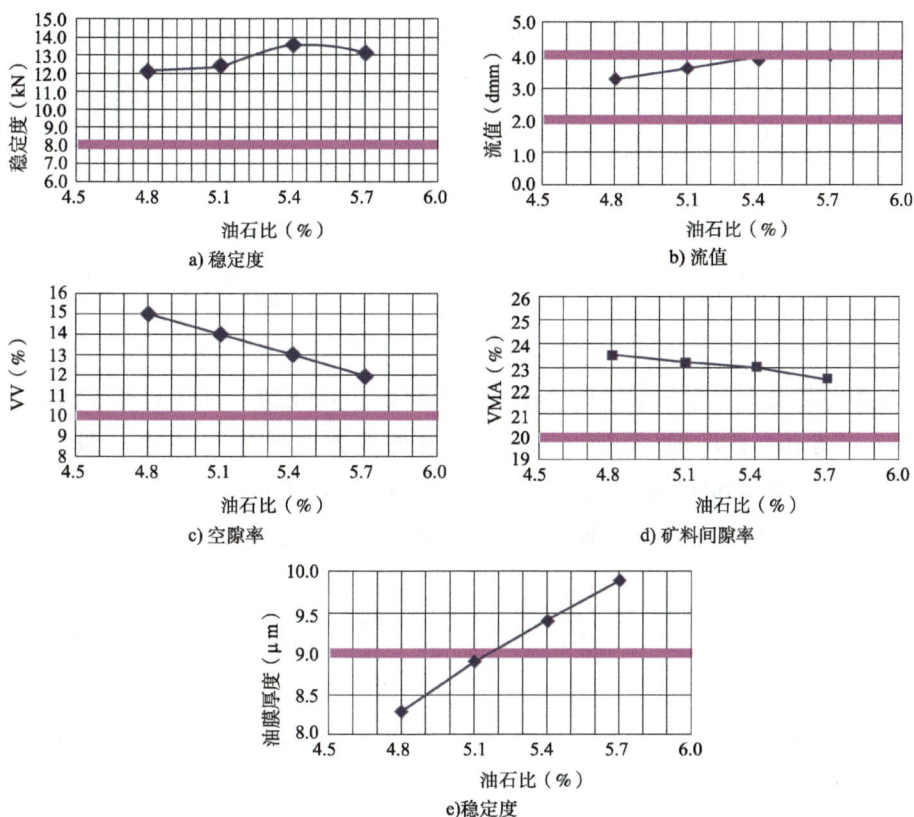

图 3-2　DCT 超黏极薄罩层马歇尔试验结果

　　综合 DCT 超黏极薄罩层体积性能及最小油膜厚度要求,确定沥青油石比为 5.4%,且其他相关指标满足要求。

3.2　温拌薄层罩面技术

3.2.1　UTAC 超薄罩面

（1）级配。

各种矿料和矿粉的筛分结果、级配结果及规范要求的矿料级配范围见表 3-13。

UTAC 超薄罩面级配设计　　　　　表 3-13

筛孔尺寸（mm）	设计要求级配(%)						
	3～5mm	0～3mm	矿粉	合成级配	级配区间		
					下限	中值	上限
13.200	100.0	100.0	100.0	100.00	100.00	100.00	100.00
9.500	97.2	100.0	100.0	98.04	80.00	90.00	100.00
4.750	5.3	98.7	100.0	33.39	20.00	30.00	40.00
2.360	1.1	61.9	100.0	21.25	18.00	27.00	36.00
1.180	1.0	42.6	100.0	16.35	14.00	22.00	30.00
0.600	1.0	28.4	100.0	12.80	10.00	17.50	25.00
0.300	1.0	17.7	98.4	10.05	7.00	13.50	20.00
0.150	1.0	10.0	91.0	7.75	6.00	9.00	12.00
0.075	1.0	6.4	79.1	6.26	4.00	6.00	8.00

（2）生产。

混合料拌和时设专人投放沥青改性剂和聚酯纤维。首先加入改性剂和各档集料进行干拌，随后加入沥青和温拌助剂（温拌助剂在沥青开始喷洒后延时 3s 喷入），最后加入矿粉。单盘料拌和周期不低于 60s，其中干拌 15s，喷沥青和温拌助剂控制在 13s 以内，然后湿拌 6s 添加矿粉，再继续湿拌 30s。拌和、施工环节温度控制情况见表 3-14。

拌和、施工环节温度控制表　　　　　表 3-14

项目	施工温度(℃)	项目	施工温度(℃)
沥青加热温度	150～160	沥青混合料出厂温度	165～175
矿料加热温度	180～190	摊铺温度	≥140

3.2.2　ECA 超薄罩面

（1）矿料级配要求。

为提高 ECA-10 沥青混合料的密实性、高温抗变形性能及抗滑性能，ECA-10 沥青混合料的目标级配增设 6.7mm 关键控制筛孔，其目标级配范围见表 3-15。

ECA-10 沥青混合料目标级配范围　　　　　表 3-15

筛孔孔径(mm)	13.200	9.500	6.700	4.750	2.360	1.180	0.600	0.300	0.150	0.075
级配上限	100	100	50	40	36	30	25	20	12	8
级配中值	100	90	40	30	27	22	18	13	9	6
级配下限	100	80	30	20	18	14	10	7	6	4

（2）ECA-10沥青混合料的技术要求。

根据体积指标、混合料析漏及抗剥落等指标确定沥青用量,同时根据规范要求,应对成品料进行室内的各项检测,包括油石比、密度、空隙率、稳定度、流值等,检测结果均要符合规范要求。ECA-10沥青混合料配合比设计采用马歇尔方法,马歇尔试验配合比设计技术要求见表3-16。为了防止设计的混合料出现松散和泛油现象,要对设计的混合料进行析漏损失和飞散损失试验,并进行抗水损、渗水性和高温稳定性检验。配合比设计检验指标技术要求见表3-17。

马歇尔试验配合比设计技术要求 表3-16

项目	马歇尔击实次数	矿料间隙率（%）	空隙率（%）	沥青饱和度（%）	稳定度（kN）	流值（0.1mm）
要求	双面75次	≥15	3.5～5.0	70～85	≥8.0	20～50

配合比设计检验指标技术要求 表3-17

检验项目	技术要求	试验方法
析漏损失（%）	≤0.2	沥青混合料谢伦堡沥青析漏试验 JTG E20—2011 T 0732
飞散损失（%）	≤15	沥青混合料肯塔堡飞散试验 JTG E20—2011 T 0733
残留马歇尔稳定度（%）	≥85	沥青混合料马歇尔稳定度试验 JTG E20—2011 T 0709
冻融劈裂试验残留强度比（%）	≥80	沥青混合料冻融劈裂试验 JTG E20—2011 T 0729
动稳定度（次/mm）	≥3000	沥青混合料车辙试验 JTG E20—2011 T 0719
渗水系数（mL/min）	≤50	沥青混合料渗水试验 JTG E20—2011 T 0730

我们通过观察ECA-10的材料技术要求发现,ECA-10沥青混合料与传统热拌沥青混合料的主要区别是:使用HPM-1高性能沥青改性剂来替代SBS沥青改性剂;通过添加CA-1碾压助剂扩大了沥青混合料的有效压实温度区间;同时,增加6.7mm的关键筛孔,保证不同粒径范围的集料能够合成理想级配曲线的混合料,从而使ECA-10沥青混合料超薄罩面能够在较低温度和较薄加罩厚度的情况下碾压密实并满足各项路用指标。相比传统"铣刨加罩4cm SMA-13"的处理方法,薄层铣刨加罩2.5cm ECA-10可以减少现场铣刨旧路和摊铺新面层的工作量,加快工程进度,降低约20%的工程造价。

（3）混合料的生产。

HPM-1 高性能沥青混合料改性剂及聚酯纤维的投放和集料干拌同步进行，一般干拌时间≥15s，具体干拌时间以确保 HPM-1 在集料中完全分散与熔融以及聚酯纤维充分分散为准，通过预先试拌确定。CA-1 碾压助剂在沥青开始喷洒后延时 2～3s 开始喷入，喷入时间控制在 10s 以内，且必须保证在沥青喷洒结束之前完成。单盘料拌和周期≥60s，其中干拌15s，喷沥青和添加剂控制在 13s 以内，湿拌 6s 后添加矿粉，再继续湿拌 30s，应保证拌和出的 ECA-10 沥青混合料无花白料。

3.2.3 加入温拌剂的超薄磨耗层

（1）配合比设计。

①目标配合比设计。分别取各类矿料进行筛分，用计算机或图解计算各矿料的用量，使合成的矿质混凝土级配符合表 3-16 要求的范围。

用计算确定的矿料组成，选取中间油石比，左右按间隔变化，取 5 个不同的油石比，用试验室小型拌和机拌制沥青混凝土，制备 5 组马歇尔试件。测定试件的密度、空隙率、沥青饱和度、稳定度和流值，分别绘制各项指标的曲线。根据相关方法确定最佳油石比。易密实沥青混合料室内拌制方法如下：

a. 采用烧杯或者纸杯，充分润湿后，按照比例称量添加剂。

b. 石料加热。

c. 用拌铲将干拌后的石料拉成一斜面，露出拌锅底部。

d. 热沥青（温度与热拌相同）倒入露出来的拌锅底部。

e. 降下搅拌桨，降到正好可以将烧杯纸杯探入的位置，将添加剂倒在沥青液面上，尽量避免倒在石料上。

f. 降下搅拌桨，开始搅拌，搅拌时间约 2min。

g. 略微升起搅拌桨，倒入矿粉不加热，再次搅拌（一般不多于 1min）。

h. 出料。出料温度一般比同型号的热拌混合料低 30～60℃。

i. 保温。拌制好的混合料在设定成型温度的烘箱中保温 2h，使其达到规定的成型温度。

j. 试件成型。

②生产配合比设计。

a. 确定各热料仓矿料和矿粉的用量。必须从二次筛分后进入各热料仓的矿料中取样进行筛分，根据筛分结果，通过计算，使矿质混凝土的级配符合表 3-18 的规定，以确定各热料仓矿料和矿粉的用料比例，供拌和机控制室使用。同时反复调整冷料仓进料比例，以达到供料均衡。

b. 确定最佳油石比。取目标配合比设计的最佳油石比和最佳油石比 ±0.3% 3 个油石比，取以上计算的各材料，进行马歇尔试验，确定生产配合比的最佳油石比。

SMA-10 级配各筛孔通过率(%)　　　　　　　　　　表 3-18

级配	筛孔孔径(mm)									
	13.2	9.5	6.7	4.75	236	1.18	0.6	0.3	0.15	0.075
级配上限	100	100	55	36	28	26	22	18	16	12
级配中值	100	90	45	39	23	20	17	14	12	10
级配下限	100	90	35	22	18	14	12	10	9	8

c.配合比检验。按以上生产配合比,做浸水 48h 马歇尔试验,残留稳定度必须满足表 3-19 的规定。

配合比设计检验指标和技术要求　　　　　　　　　　表 3-19

检验项目	技术要求	试验方法
残留马歇尔稳定度(%)	≥85	沥青混合料马歇尔稳定度试验 JTG E20—2011 T 0709
冻融劈裂试验残留强度比(%)	≥80	沥青混合料冻融劈裂试验 JTG E20—2011 T 0729
动稳定度(次/mm)	≥3000	沥青混合料车辙试验 JTG E20—2011 T 0719
渗水系数(mL/min)	≤20	沥青混合料渗水试验 JTG E20—2011 T 0730

③生产配合比验证。用生产配合比进行试拌,沥青混凝土的技术指标合格后铺筑试铺段。取试铺用的沥青混凝土进行马歇尔试验和沥青含量、筛分试验。

(2)温拌沥青混合料的拌和生产。

①沥青混凝土拌和机准备。DAT 浓缩液输送设备安装参照《温拌添加剂喷洒设备操作指南》,考虑气体的反冲力会影响矿料的计量,需要在拌和缸中设置排气口,以消散气体。排气口直径根据设备规格和气体反冲力大小确定,外接排气管,排气管的长度通常为足够长,以确保气体能够有效排出,具体长度需根据现场条件确定。排气口的设置高度稍大于混合料拌和区高度,以便气体顺利排出[61],如图 3-3 所示。

在生产易密实混合料之前,必须对浓缩液流量进行标定。一般情况下,严格按照沥青与浓缩液比例为 5% 或根据具体要求确定。因为过少会影响压实,过多可能对性能产生影响。浓缩液用量通过延时继电器设定延时的时间,控制喷洒时间,从而控制喷洒量。沥青喷洒如图 3-4 所示。

根据目标配合比,热料仓筛孔尺寸取热料进行热料仓配比设计,同时,确认拌和楼加料程序,矿粉采用后加法,温拌浓缩液与沥青质量比根据配合比设计确定。温拌浓缩液在沥青开始喷洒后延时 3s 开始喷入,喷入时间控制在 8~10s 以内,且必须保证在沥青喷洒结束之前完成浓缩液的喷洒。在沥青喷洒结束后延后 6s 添加矿粉。避免在水蒸气排出时添加矿粉，以免影响矿粉计量精度，减少矿粉损失和减少矿粉堵塞概率。室内外实践证明，后添加完全不影响易密实混合料的裹覆性及质量。

图 3-3　排气口设置示意图

图 3-4　沥青喷洒

②试生产及生产配合比验证。正式施工前一天，进行试生产。拌和混凝土，每盘混凝土拌和吨数根据设备容量和设计要求确定。通过试生产确定烘干温度、改性沥青温度、拌和时间、每盘拌和量等，并对添加剂计量装置进行调整。同时取混凝土成品试样进行抽提试验、筛分试验和马歇尔试验，确认最终的生产配合比以及油石比，保证误差在规范规定的范围内。

③沥青混凝土的拌和。试验段沥青混凝土生产之前需确保拌和机运转正常，添加剂辅助设备必须安装和调试到位，运转正常，确认生产配合比以及加料顺序，确保矿粉延时 5s 以上添加。出料温度根据不同的环境温度进行调整，并将根据试验段铺筑当日天气情况确定混凝土的具体温度控制要求。超薄混凝土施工温度见表 3-20。

超薄混凝土施工温度（℃）　　　　　　　　　　表 3-20

施工温度	环境温度	
	5 ~ 15	≥15
矿料加热温度	140 ~ 145	135 ~ 140
沥青加热温度	160 ~ 170	160 ~ 170
沥青混凝土出料温度	135 ~ 140	130 ~ 135
混凝土摊铺温度	≥135	≥125
开始碾压温度	≥130	≥125
复压温度	≥110	≥100
碾压终了温度	≥70	≥70

沥青混凝土的拌和过程如下[62]：

a. 添加剂加注。要求添加剂作为外加剂与沥青按一定质量比同步喷入拌缸，保证在沥青喷洒结束之前完成添加剂的喷洒。

b.单盘料拌和周期不低于50s,其中干拌3s,沥青与添加剂加入控制在13s以内,然后添加矿粉,进行有效拌和,应保证超薄沥青混凝土无花白料。(具体拌和时间可根据实际生产适当调整)

c.控制室要逐盘打印沥青及各种矿料的用量和拌和温度。

d.目测检查混凝土搅拌的均匀性,及时分析异常现象,如混凝土有无花白或离析等现象。

e.矿料级配与生产设计标准级配的允许差值见表3-21。

矿料级配与生产设计标准级配的允许差值　　表3-21

级配(mm)	波动范围(%)	级配(mm)	波动范围(%)
0.075	±2	≥4.75	±4
≤2.36	±3		

3.3 常温薄层罩面技术

3.3.1 HVE 超黏磨耗层

(1)级配确定。

为有效解决超黏磨耗层混合料中集料和乳化沥青相容性问题,必须进行混合料组成设计。超黏磨耗层为独立性较强的系统,其任一成分的改变都会引起整个系统的变化,只有保证超黏磨耗层混合料性能,才能提升养护路面的平整性、耐久性、抗滑性及高低温稳定性。为此,在进行 HVE 超黏磨耗层混合料设计时,必须通过试验确定乳化沥青、集料等的最佳用量。HVE 超黏磨耗层集料级配应满足表3-22 的要求。

HVE 超黏磨耗层集料级配范围　　表3-22

筛孔尺寸(方孔筛)(mm)	通过率(%)	筛孔尺寸(方孔筛)(mm)	通过率(%)
8.000	100	0.600	19~34
4.750	70~85	0.300	12~25
2.360	45~70	0.150	7~18
1.180	20~50	0.075	5~15

(2)最佳油石比。

在确定改性乳化沥青用量、对应的油石比、纤维掺量、水泥掺量后,开展1h 负荷轮黏砂试验和湿轮磨耗试验,确定最佳油石比(满足规范要求的油石比范围为6.0%~7.1%)。在此基础上以该最佳油石比开展6d 车辙试验宽度变化率及湿轮磨耗试验结果验证。

3.3.2　复合式冷拌树脂碎石薄层罩面

复合式冷拌树脂碎石薄层罩面由树脂及碎石组成,碎石的粒径分为 2.60～4.75mm 及 1.18～2.60mm,无须进行配合比设计,相关施工步骤详见后续的"常温技术施工"。

3.4　其他薄层罩面技术

3.4.1　降噪抗滑薄层罩面

(1)级配设计。

基于同步纤维磨耗层 STC-5 和微表处 MS-3 的级配范围,以 2.36mm 为关键筛孔,根据尽可能调整细集料用量以降低集料干涉现象的原则,研究提出降噪抗滑冷拌冷铺薄层级配范围,见表 3-23。

降噪抗滑冷拌冷铺薄层级配范围　　　　　　　　　　　　　　　表 3-23

类型	通过下列筛孔(mm)的质量百分率(%)							
	9.500	4.750	2.360	1.180	0.600	0.300	0.150	0.075
级配范围	—	70～100	20～40	14～29	9～21	6～15	4～11	2～8

冷拌冷铺薄层采用 3～5mm 和 0～3mm 两种集料进行级配设计,集料的筛分结果见表 3-24。冷拌冷铺薄层合成级配 1 采用级配中值,合成级配 2 将 2.36mm 筛孔的通过率按 6% 调整。冷拌冷铺层合成级配图如图 3-5 所示。

集料的筛分结果　　　　　　　　　　　　　　　表 3-24

类型	通过下列筛孔(mm)的质量百分率(%)							
	9.500	4.750	2.360	1.180	0.600	0.300	0.150	0.075
3～5(1号)	100.0	75.0	3.3	1.2	0.4	0.1	0.0	0.0
0～3(2号)	100.0	100.0	70.0	51.9	34.8	23.5	16.3	10.0

(2)最佳油石比的确定。

拌和试验能很好地反映混合料的成浆状态,可拌和时间过短会影响混合料的现场施工,拌和时间过长会影响混合料强度形成。因此,为了利于混合料的可施工性和强度形成,需要通过拌和试验确定外加水量,以可拌和时间大于 120s 为标准。

对合成级配和合成级配中掺加纤维分别在油石比 6%～8% 范围内以油石比梯度 0.5% 进行拌和试验,确定在不同油石比下各种配比的最佳用水量。其中,水泥掺量为 1%,纤维掺量为 0.1%～0.3%、梯度为 0.1%。不同油石比下稀浆混合料的最佳用水量见表 3-25。其中,1 号冷拌冷铺薄层所用级配为合成级配 1,2 号冷拌冷铺薄层所用级配为合成级配 2,两个薄层中分别掺加纤维后,分别称为 1 号冷拌冷铺纤维薄层、2 号冷拌冷铺纤维薄层。

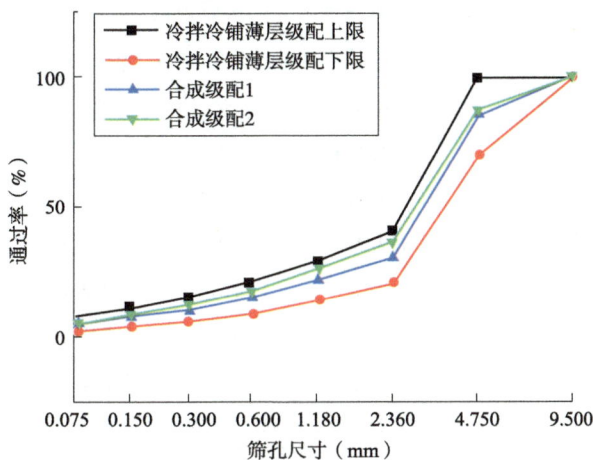

图 3-5　冷拌冷铺薄层合成级配图

不同油石比下稀浆混和料的最佳用水量(%)　　　　表 3-25

类型	纤维掺量	油石比				
		6.0	6.5	7.0	7.5	8.0
1 号冷拌冷铺薄层	0	3.1	2.4	1.8	1.6	1.4
	0.1	3.0	2.4	1.8	1.5	1.4
	0.2	2.9	2.3	1.7	1.5	1.4
	0.3	2.8	2.2	1.6	1.4	1.3
2 号冷拌冷铺薄层	0	3.3	2.6	1.9	1.8	1.6
	0.1	3.3	2.6	1.8	1.7	1.6
	0.2	3.2	2.5	1.7	1.5	1.5
	0.3	3.1	2.4	1.6	1.5	1.4

根据拌和试验的结果,分别对不同油石比下各种配比进行黏聚力试验,定量评价稀浆混合料的黏聚力水平。黏聚力值分为 30min 和 60min 的黏聚力,30min 黏聚力值是稀浆混合料基本成型的强度,60min 黏聚力值是稀浆混合料成型后开放交通时的强度。不同油石比下各种配比的黏聚力值见表 3-26。表格中斜线前数据为 30min 黏聚力,斜线后数据为 60min 黏聚力。

当油石比为 6% 时,冷拌冷铺薄层的 30min 和 60min 黏聚力都不符合要求。其他油石比下,冷拌冷铺薄层的黏聚力符合要求;冷拌冷铺纤维薄层中,除 1 号冷拌冷铺中掺加 0.1% 的纤维不符合要求外,其余均符合要求。试验发现,用扭矩扳手不易得到准确的黏聚力值,需要参照规范观察试件表面的破坏状态来确定,此种确定方法有偶然性。因此,黏聚力结果只能作为混合料成型强度的参考,不能作为评判强度的依据。

不同油石比下各种配比的黏聚力值(%)　　　　　　　表 3-26

类型	纤维掺量	油石比				
		6.0	6.5	7.0	7.5	8.0
1 号冷拌冷铺薄层	0	1.1/1.8	1.2/2.0	1.3/2.0	1.4/2.1	1.4/2.2
	0.1	1.1/1.9	1.2/2.0	1.3/2.1	1.4/2.1	1.4/2.2
	0.2	1.2/2.0	1.2/2.1	1.3/2.1	1.4/2.2	1.5/2.2
	0.3	1.2/2.1	1.3/2.1	1.4/2.2	1.4/2.2	1.5/2.3
2 号冷拌冷铺薄层	0	1.1/1.8	1.1/2.0	1.2/2.0	1.3/2.1	1.4/2.1
	0.1	1.2/2.0	1.2/2.1	1.3/2.1	1.4/2.2	1.4/2.2
	0.2	1.2/2.1	1.2/2.1	1.3/2.2	1.4/2.2	1.5/2.2
	0.3	1.2/2.1	1.3/2.1	1.3/2.2	1.4/2.2	1.5/2.2

湿轮磨耗试验 1h 磨耗值用于确定冷拌冷铺薄层沥青用量的下限。不同油石比下各种配比的 1h 磨耗值见表 3-27。

不同油石比下各种配比的 1h 磨耗值　　　　　　　表 3-27

类型	油石比(%)				
	6.0	6.5	7.0	7.5	8.0
1 号冷拌冷铺薄层(g/m²)	568	409	299	197	135
2 号冷拌冷铺薄层(g/m²)	587	432	322	231	178

负荷轮黏砂试验用于确定冷拌冷铺薄层沥青用量的上限,通过测试试件的变形量确定混合料抵抗车辙的能力。不同油石比下各种配比的黏附砂量见表 3-28。

不同油石比下各种配比的黏附砂量　　　　　　　表 3-28

类型	油石比(%)				
	6.0	6.5	7.0	7.5	8.0
1 号冷拌冷铺薄层(g/m²)	185	243	314	397	477
2 号冷拌冷铺薄层(g/m²)	206	272	351	425	500

根据不同油石比稀浆混合料的湿轮磨耗结果和负荷轮黏砂结果,绘制成图 3-6、图 3-7 所示的关系曲线。

根据图 3-6 和图 3-7,1 号冷拌冷铺薄层的最佳油石比范围为 6.1% ~7.8%,2 号冷拌冷铺纤维薄层的最佳油石比范围为 6.2% ~7.7%。结合交通特点和经济等因素,1 号冷拌冷铺薄层和 2 号冷拌冷铺薄层的最佳油石比均取磨耗值曲线和黏附砂量曲线交点附近,即油石比为 7.0%。不同纤维掺量的冷拌冷铺纤维薄层配合比设计方法与上面一致,为了后续路用性能的比较,最佳油石比均取 7%,所有冷拌冷铺薄层最佳配合比见表 3-29。

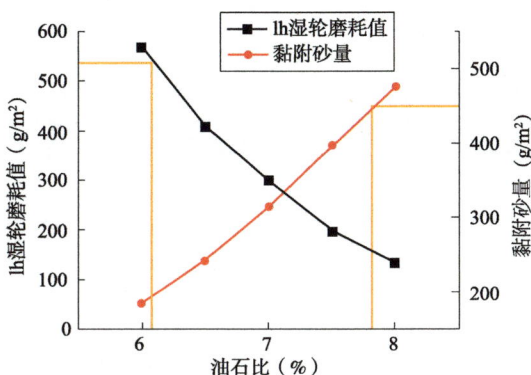

图 3-6　1 号冷拌冷铺混合料

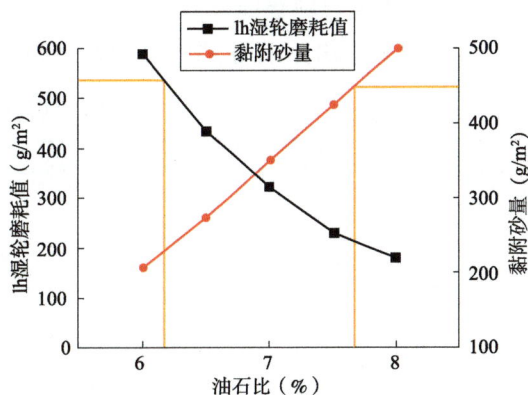

图 3-7　2 号冷拌冷铺混合料

冷拌冷铺薄层最佳配合比　　　　　　　　　　表 3-29

类型	纤维掺量(%)	矿料(%)	油石比(%)	外加水(%)	水泥(%)
1 号冷拌冷铺薄层	0.0	100	7.0	1.8	1
	0.1	100	7.0	1.8	1
	0.2	100	7.0	1.7	1
	0.3	100	7.0	1.6	1
2 号冷拌冷铺薄层	0.0	100	7.0	1.9	1
	0.1	100	7.0	1.8	1
	0.2	100	7.0	1.7	1
	0.3	100	7.0	1.6	1

3.4.2　ARC 抗裂薄层罩面

ARC-10 超韧抗裂磨耗层混合料配合比设计采用集料为玄武岩(5~10mm 玄武岩、3~5mm 玄武岩、0~3mm 玄武岩),所用集料符合《公路沥青路面施工技术规范》(JTG F40—2004)中"高速公路、一级公路表面层沥青混合料用集料质量要求",集料筛分结果见表 3-30。

集料及矿料筛分结果　　　　　　　　　　表 3-30

筛孔尺寸(mm)	通过筛孔的质量百分率(%)			
	玄武岩			石灰岩
	5~10mm	3~5mm	0~3mm	矿粉
9.5	97.4	100.0	100.0	100.0

3.4.3 ZTS 耐久型罩面

(1)沥青混合料级配。

ZTS 耐久型罩面采用 ZTS-10 级配,级配范围见表 3-31。

ZTS-10 沥青混合料的级配范围   表 3-31

筛孔尺寸(mm)	通过率上限(%)	通过率下限(%)
13.200	100	100
9.500	100	85
4.750	45	25
2.360	35	20
1.180	25	15
0.600	22	12
0.300	18	8
0.150	12	6
0.075	10	4

ZTS-10 为骨架密实型级配,应用了多碎石沥青混合料级配 SAC 的设计思想。密级配沥青混合料空隙率小,难透水,耐久性好;开级配沥青混合料构造深度大,行车舒适,安全性高。ZTS-10 沥青混合料中,粗细集料的分界粒径为 4.75mm。大于 4.75mm 的碎石含量大于55%,粗集料形成空隙率较大的骨架结构,细集料和矿粉与沥青混合均匀后填充在粗集料骨架的空隙中,形成构造深度大、密实、透水性小的沥青混合料,既将二者优势相结合,又避免了各自的缺点。将各档集料进行级配合成,合成级配曲线,如图 3-8 所示。

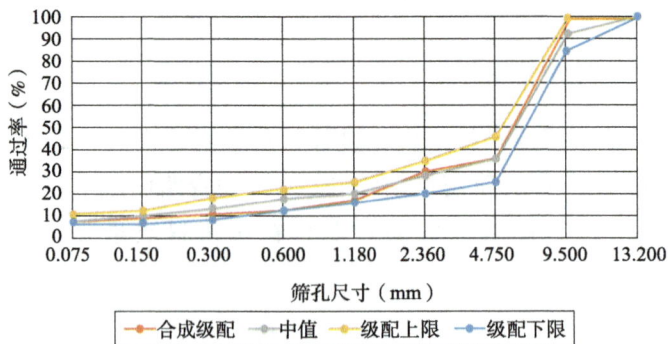

图 3-8 ZTS-10 沥青混合料级配曲线图

(2)最佳沥青用量确定。

以经验最佳油石比 4.9% 为中值,以 0.3% 为间隔进行目标配合比试验,结果见表 3-32。其中,ZTS-10 沥青混合料在较大油石比范围内均具有良好性能,稳定度均满足规范要求。

沥青混合料马歇尔试验结果 表 3-32

油石比 （%）	矿料合成毛体积 相对密度	毛体积 相对密度	理论最大 相对密度	空隙率 （%）	VMA （%）	VFA （%）	稳定度 （kN）	流值 （mm）
4.3		2.479	2.643	6.22	15.99	61.11	8.94	2.18
4.6		2.501	2.632	4.96	15.49	67.95	10.65	2.48
4.9	2.818	2.524	2.630	4.03	14.95	73.05	11.39	3.12
5.2		2.516	2.609	3.55	15.46	77.04	10.64	3.82
5.5		2.515	2.597	3.17	15.74	79.85	9.58	4.79
技术标准	计算	实测	实测	3~6	≥14.5	60~80	≥8	2~5

由表 3-32 可知，ZTS-10 沥青混合料的最佳油石比为 4.9%，此时空隙率仅为 4.03%，具有良好的封水效果，且稳定度超过 11kN，远超技术要求。

第4章

热拌技术施工

虽然目前温拌薄层罩面及冷拌薄层罩面发展迅速,但主流的薄层罩面施工仍然采用热拌技术。目前常用的高速公路高性能薄层罩面热拌技术施工主要有 OGFC 超薄磨耗层、SMA 超薄磨耗层、Thus 极薄磨耗层、Nova Chip 超薄磨耗层、DCT 超黏极薄罩面及 ARC 抗裂薄层罩面,其主要施工步骤及注意事项如下。

4.1 施工技术要求

4.1.1 施工机械技术要求

沥青混合料拌和应使用性能良好并配有计算机设备的间歇式拌和机,且每台拌和机冷料仓的配备应为 5~6 个,沥青混合料拌和过程应由计算机控制并标明拌和温度、拌和量等参数。

对于 OGFC 超薄磨耗层所使用的摊铺机应规定为同一种型号且以履带式摊铺机为宜,并根据摊铺厚度及宽度选择料斗及熨平板。另外,OGFC 超薄磨耗层所用压路机宜为小于 12t 的钢筒式压路机,其他机械设备如自卸车、清扫机、鼓风机等应根据摊铺量来选择配备的数量[63]。

超薄磨耗层 Nova Chip 系统施工采用专用 Nova Paver 设备[64],施工速度为 15m/min。Nova Paver 设备包含盛料装置、传送装置、喷洒装置、计量装置、调节装置、熨平装置等部分,具体如图 4-1 所示。

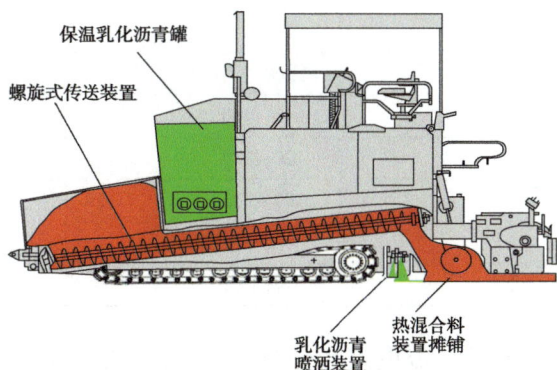

图 4-1　超薄磨耗层摊铺设备 Nova Paver

Thus 极薄磨耗层施工要求按常规沥青混合料的施工要求执行,其设备为精铣刨机组 1 套,同步摊铺机 1 套,配合备有加热功能的乳化沥青罐车 1 辆,12t 左右的双钢轮压路机 2 台。其中,Thus 极薄磨耗层混合料摊铺必须使用同步摊铺机,即喷洒乳化沥青黏结剂与摊铺沥青混合料同步进行。与普通摊铺机不同的是,该摊铺机多了一个乳化沥青储箱和一套乳化沥青洒布系统[65],如图 4-2 所示。

图 4-2　Thus 极薄磨耗层同步摊铺机

其余高性能薄层罩面的施工机械并无特别要求,采用普通摊铺机即可,具体可参考《公路沥青路面养护机械化》[66]。

4.1.2　施工温度要求

沥青加热和沥青混合料拌和过程中,若温度过高会引起沥青短期老化;若温度过低,混合料易失去施工和易性,不能充分碾压。因此,对于沥青混合料要严格按照《公路沥青路面施工技术规范》(JTG F40—2004)提出的加热与拌和温度,随时关注混合料的出料温度,严防沥青老化[67]。改性沥青混合料施工温度要求见表 4-1。施工过程中,严格按照表 4-1 的要求逐项测量温度。温度计应采用插入式数显温度计,不符合温度要求的混合料应废弃。

改性沥青混合料施工温度要求　　　　　　　　　　　表 4-1

序号	工序	温度(℃)
1	改性沥青现场制作温度	165 ~ 170
2	成品改性沥青的加热温度	165 ~ 175
3	矿料的加热温度	190 ~ 220
4	沥青混合料出厂温度	170 ~ 185,超过 195 的应废弃
5	混合料运到现场温度	165 ~ 175
6	摊铺温度	155 ~ 170

序号	工序	温度(℃)
7	初压温度	140～160
8	复压温度	120～150
9	终压温度	100～125
10	碾压结束温度	不低于90
11	开放交通温度	不高于50

此外,施工组织计划编制阶段,应对集中施工期总体温度进行分析,并充分考虑气温变化对施工的不利影响。施工前一天,根据次日天气预报,详细编制分时段摊铺计划,气温低于10℃或大风、降雨的天气条件下,不得开展沥青路面摊铺作业。

4.1.3　人员安排要求

有序的施工计划是保证施工质量的前提,制订施工计划需要对人员的安排作出合理的规划。其人员安排可按下列要求进行:①施工总指挥应安排1人,主要负责整个施工过程中的人员调动;②施工现场应安排1人,主要负责施工现场的管理工作及安全问题;③后场应安排1人,主要负责沥青混合料的生产及运输;④试验室应安排1人,主要负责配合比设计及质量抽检。

4.2　施工准备及流程

(1)薄层罩面施工前的准备工作主要分为以下几个方面:

①对生产配合比进行设计和验证,以目标配合比的最佳沥青用量为基础值上下浮动0.5%,共5个沥青用量。以此沥青用量来制作马歇尔试件,并测试其空隙率、稳定度、析漏损失率、飞散损失率等指标;对测试的指标进行综合考虑,并以此得出符合生产配合比的最佳沥青用量;在生产配合比最佳沥青用量的基础上铺筑试验路,对其钻芯取样进行马歇尔试验,验证其配合比是否符合要求。

②施工前对施工图纸进行会审,对施工图纸有疑问的以书面形式上报业主,业主作出答复。

③对项目部人员、班组进行施工技术交底、安全交底。

④拌合站采用经过相关试验抽检合格的5～10mm碎石、3～5mm碎石、0～3mm机制砂、沥青、矿粉、水泥。

⑤对准备施工的工作面范围进行交通管制。在距离施工区或准备施工路段前后300m范围内设置"前方施工,减速慢行"标志牌、施工车辆导向标志牌、道路封闭标志牌、限速标志牌等。

⑥工作面应保持平整、清洁、干燥,不得有尘土、杂物或油污。另外,施工前要对原路面

进行检测与处理。原路面外观及内部质量检测可依据《公路沥青路面施工技术规范》(JTG F 40—2004)的要求,对坑槽、车辙、龟裂等病害进行修复处治。

(2)SMA、Thus、Nova Paver、ARC、DCT 及 OGFC 薄层罩面施工流程分别如下:

①SMA 薄层罩面施工流程:施工准备→洒布黏层→测量放样→混合料拌和、运输→摊铺→指标检测→施工期间封闭交通。

②Thus 极薄磨耗层施工流程:交通管控→水泥桥面精铣刨→清洁路面→Thus 极薄磨耗层施工→路面清扫→标志标线。

③Nova Paver 设备为流水线式作业模式,可一次完成喷洒乳化沥青、摊铺沥青混合料、熨平结构层等工序。需要注意的是,在沥青混合料摊铺之前,Nova Paver 设备任何一个部件都不可以接触已经喷洒在路面上的乳化沥青膜。

④ARC 抗裂薄层罩面施工流程:原路面处治→喷洒高渗黏层油→混合料运输→混合料摊铺→混合料碾压→伸缩缝处理→质量控制。

⑤DCT 超黏极薄罩面施工流程:交通管控→桥面处治→喷洒乳化沥青→混合料摊铺→碾压→养护。

⑥OGFC 超薄磨耗层施工流程如图4-3所示。

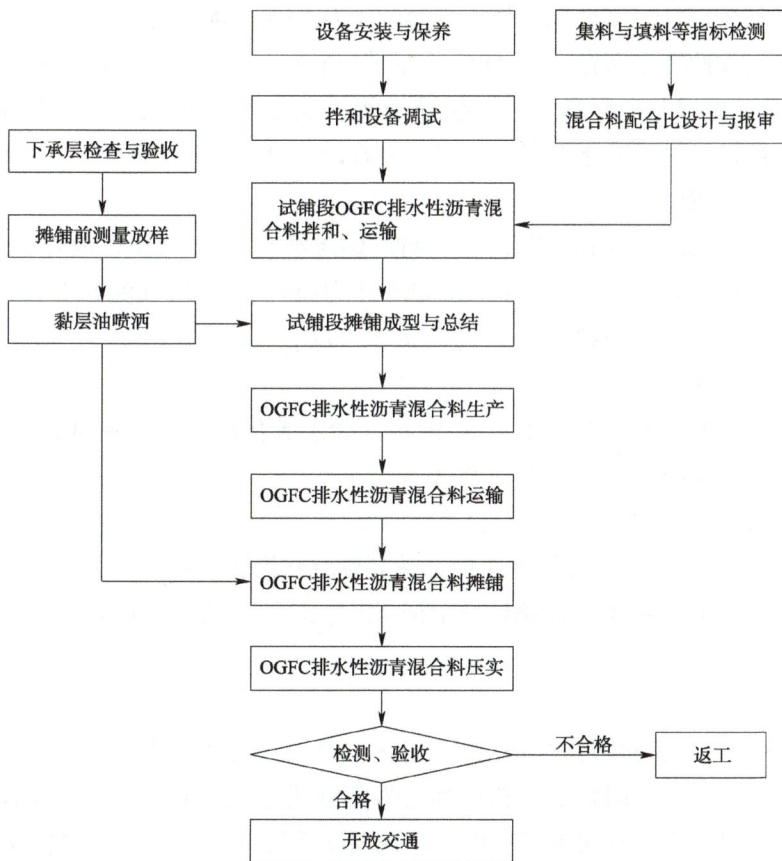

图4-3 OGFC 超薄磨耗层施工流程

4.3 薄层罩面施工

4.3.1 原路面检查及精铣刨

因为超薄磨耗层的铺筑厚度较薄,一旦原路面存在凹凸不平或者表面杂质较多,将会导致超薄磨耗层与原路面之间无法较好地黏结成一个整体,从而导致超薄磨耗层无法达到预期的使用效果。所以在原路面上进行超薄磨耗层的摊铺之前,必须对原路面的平整度和洁净度进行处理。如果有坑槽或者其他严重的路面病害,必须先处治后才能摊铺。

精铣刨是在标准铣刨工艺的基础上更换密集刀头的"精铣刨鼓",利用精铣刨鼓刀间距更小的特点,对路面实施更细密的铣刨处理。采用精铣刨的工艺可减轻桥梁荷载,减少对桥梁结构的扰动,有效调整原桥面的平整度。

4.3.2 黏结层施工

(1)OGFC 超薄磨耗层。

黏结层根据《公路沥青路面施工技术规范》(JTG F40—2004)中的要求可以选用快裂或中裂的乳化沥青、改性乳化沥青,黏层油的洒布量控制在 $0.6 \sim 0.8 kg/m^2$ 范围内。喷洒过程中应保证洒布车速度以及喷洒量均匀稳定,乳化沥青宜在当天喷洒,喷洒后禁止除运料车外的其他车辆及行人通行,待乳化沥青破乳后紧跟着铺筑 OGFC 超薄磨耗层。

(2)SMA 薄层罩面。

沥青上面层与中面层之间应洒布黏层沥青,黏层沥青采用 PCR 型改性乳化沥青,洒布量控制在 $0.3 \sim 0.6 kg/m^2$ 范围内。洒布时,洒布车保持匀速行驶,气温低于 10℃ 和遇大风及降雨时不洒布,对于局部未洒到部位,应进行人工补涂。

(3)Thus 极薄磨耗层。

根据磨耗层摊铺工程量,按 $1.2 kg/m^2$ 的用量确定乳化沥青的加热量并进行洒布;乳化沥青的加热温度为 $70 \sim 80℃$,不得超过 90℃。

(4)Nova Chip 超薄磨耗层。

正式摊铺施工前,应清扫原路面并提前加热高黏乳化沥青,控制在 $60 \sim 80℃$ 温度下洒布沥青,洒布量为 $0.7 \sim 0.9 kg/m^2$,做到精确计量、洒布均匀,以便在原路面上形成不透水的沥青封层。

4.3.3 混合料的拌和

在薄层罩面各种原材料检验合格后,将集料与改性沥青按照生产配合比确定的用量以及规范规定的温度送入拌和机,而矿粉则通过专用通道加入拌和机。薄层罩面的摊铺厚度较薄,这就决定了其混合料在摊铺过程中会出现温度散失较快的现象,要求严格控制好沥青混合料在拌和过程中的各项温度。整个过程中要把控拌和温度(集料、沥青及混合料拌和的温度分别为 180～190℃、165～175℃、170～180℃)。若混合料出料温度超过 195℃ 则作为废料处理。每锅沥青混合料的拌和时间为 45～60s,可根据试拌情况略微调整拌和时间。拌和结束时混合料外观以乌黑发亮为宜,不应出现花白、沥青结团的现象。若出现这种结果应作为废料处理并分析其原因,通常情况下主要有下列原因:

(1)拌和时间短,没有拌和均匀。

(2)集料中细料或者矿粉过多。

(3)沥青或者集料的加热温度没有达到要求。

(4)沥青用量计算不正确。

对于沥青混合料宜随拌随用,混合料出厂时要对其温度、级配及沥青用量进行检查,并记录出厂时间。混合料运输到现场温度不低于 160℃;摊铺温度不低于 160℃,低于 140℃ 的废弃。

4.3.4 混合料的运输

(1)在运输混合料时,应选择大吨位的自卸式运料车,运输过程中驾驶员要控制好车速,并尽可能减少紧急制动和急转弯等操作,以免引起混合料离析。运料车的车厢为金属板材,运料前后将车厢清理干净,装料前应在车厢内壁涂抹一层隔离剂,保证均匀、不漏涂,以预防混合料与车厢内壁黏结的情况发生。

(2)混合料装车的过程中,为减少集料离析,运料车应分前、后、中三次挪动,确保混合料均匀分布到车厢内。混合料装好后,可盖篷布保温,运料时长控制在 30min 以内,防止运料途中出现降温、污染等情况。

(3)当混合料运料车抵达现场后,先将轮胎上黏附的泥土清除干净(可以用水池中的水冲洗轮胎)。按运料单接收混合料时,测定到场时混合料的温度,并以目测的方法检查外观质量,不得使用已结成块的混合料。

(4)摊铺现场有 3～5 辆运料车等待卸料,轮到运料车卸料时,运料车要缓慢行驶到摊铺机前 20cm 左右的位置,挂好空挡,待摊铺机推动,运料车开始卸料。运料车要尽量卸干净混合料,及时清理车厢内壁上残留的混合料,防止混合料黏结到内壁上,影响下次装料。在运输改性沥青混合料时,如果发现混合料车厢板滴漏,应立即查找原因,通过控制沥青用量等方式重新调整混合料生产配合比。

4.3.5 混合料的摊铺与碾压

(1)在沥青混合料摊铺前,应进行黏层的施工,待乳化沥青破乳后再进行混合料的摊铺。宜使用履带式摊铺机,其装料斗应涂刷一层防黏结剂,在摊铺前应将摊铺机的熨平板预热,预热温度不低于 100℃。对于高速公路和一级公路,在摊铺时宜使用两台摊铺机前后错开摊铺,其错开的距离为 15m 左右。为了消除纵向接缝,两台摊铺机在摊铺时应保证纵向有 30～60mm 的搭接。

（2）摊铺机摊铺时要缓慢、均匀，摊铺速度宜控制在 1～3m/min 范围内，不得随意改变速度，保证摊铺的连续性。在摊铺的过程中，要随时检查摊铺厚度，若发现厚度不符合要求，应及时调整。所摊铺的混合料不能出现离析、拖痕、波浪。

（3）热拌薄层罩面的碾压一般采用静压法，碾压效果的好坏对磨耗层的质量有很大的影响。为了保证磨耗层的碾压效果，应合理选择压路机的组合方式及碾压步骤。在整个碾压过程中，压路机不得突然改变方向、速度，应保持缓慢均匀的碾压速度。压路机在两端折回时，不能选择同一个横向断面折回。碾压过程中若发现钢轮上粘有混合料应及时清除。可以在钢轮上适当涂刷防黏结剂。为了保证薄层罩面的压实度，应实时检测路面的压实度，防止出现过压或压实不足的现象[68]。

（4）初压应紧跟摊铺机后进行，可使用钢轮压路机静压 1～2 遍。为了保证初压效果，压路机的驱动轮应朝向摊铺机，超高路段的碾压方向应由低向高，其他路段的碾压方向应由外侧向内侧。复压应紧跟初压进行，碾压过程中不得停顿。为了保证压实度均匀，当使用不同型号的钢筒式压路机时应让每台机器全幅碾压，对于压路机无法碾压的边缘部位，应使用小型夯机进行夯打。终压应紧跟复压后进行，若复压之后没有明显的轮迹，可以不进行终压，否则要进行终压，且碾压遍数不得少于 2 遍。

4.3.6 薄层罩面的接缝处理及养护

接缝由人工进行处理，在接缝处理前需要在施工缝的表面涂抹一层黏层油，在黏层油水分完全蒸发之前不可进行接缝。考虑接缝处理难度相对较大，根据以往施工经验，应严格遵循下列施工口诀："停好机、舍得切、垫得准、起得稳、压得好。"在每条碾压接缝处理过程中都应在冷面上均匀铺设一层帆布，以防止压路机对施工完成的路面造成污染或破坏。对施工中使用的所有机械设备都应采取必要的防漏油措施，同时做好检查和处理工作；在现场进行设备清理时需要在设备的下部垫一层帆布。

薄层罩面碾压完成后，应让其在自然状态下降温养护，待其温度降低到50℃时可以开放交通。若想提前开放交通，可以采取洒水降温养护的措施。在刚开放交通时可以安排专人看护，若发现有油污应及时处理[69]。

4.4 施工质量控制

由于不同的薄层罩面的使用功能不一样，因此铺筑完成后，对薄层罩面的检测指标、技术要求也不同。

4.4.1 OGFC 超薄磨耗层

沥青混合料摊铺完成后，须对摊铺质量进行科学检测。制订预防性路面养护方案时，要对路面运行数据和评估结果进行深入分析。结合实际情况，目前常用的沥青路面评价指标包括压实度、承载能力、渗透性、平整度等[70]。OGFC 超薄磨耗层评价指标具体可参考表 4-2。

OGFC 超薄磨耗层评价指标　　　　表 4-2

指标项目	标准	频率	方法
外观质量	路面须平整、密实，无破损、无坑槽、无刮痕、无轮迹	建设沿线	肉眼观测
横向接缝	无泛油，接缝平顺	逐条检测	肉眼观测
纵向接缝	宽度偏差不得超过 80mm，平整度偏差不得超过 6mm	建设沿线	直尺
厚度	保持在 -10% ~20% 范围内	5 点/km	钻孔
结构深度	通车前，为 1.5mm；通车后，为 1.0mm	5 点/km	手工铺砂法测试路面构造深度方法 JTG 3450—2019 T 0961—1995
平整度	偏差不得超过 3mm	10 点/km	直尺或塞尺

4.4.2　SMA 超薄磨耗层

在试验路段 SMA 超薄磨耗层施工完成之后，根据有关规定，需要分别对试验段路面施工前后的 PCI（路面损坏状况指数）、RQI（路面行驶质量指数）、RDI（路面车辙深度指数）、构造深度以及摩擦系数等性能指标进行检测。试验路段 SMA 超薄磨耗层施工前后性能指标检测结果对比应满足表 4-3 的要求。

SMA 超薄磨耗层施工前后性能指标检测结果对比　　　　表 4-3

性能指标	PCI	RQI	RDI	构造深度（mm）	摩擦系数（BPN）	渗水系数（mL/min）
变化趋势	上升	上升	上升	上升	上升	下降

4.4.3　Thus 极薄磨耗层

根据 Thus 极薄磨耗层的特点和使用性能要求，结合我国沥青混凝土路面施工技术规范的相关要求，明确 Thus 极薄磨耗层的施工质量验收标准，见表 4-4。

Thus 极薄磨耗层施工质量验收标准及检测结果　　　　表 4-4

检测项目		规定值或允许偏差	检测方法和频率
现场空隙率（%）		≥10	现场取芯
平整度	IRI（m/km）	≤3.5	平整度仪：全线每车道连续按每 100m，计算 IRI 或 σ
	最大间隙（h/mm）	5	3m 直尺：每 200m 测 2 处×10 尺
	渗水系数（mL/min）	≥600	渗水试验仪：每 200m 测 1 处
抗滑	摩擦系数	≥55	摆式仪：每 200m 测 1 处
	构造深度（mm）	≥1.0	铺砂法：每 200m 测 1 处

检测项目	规定值或允许偏差	检测方法和频率
厚度(cm)	1.5±0.2	双车道每200m测1处
宽度(cm)	不小于设计值	尺量:每200m测4断面

4.4.4　Nova Chip 超薄磨耗层

Nova Chip 超薄磨耗层的验收标准如下:

(1)Nova Chip 超薄磨耗层的原材料性能和混合料的路用性能必须同时满足设计要求和施工技术指南。

(2)施工期间需要每天进行混合料焚烧试验和旋转压实试验,保证混合料的各项指标和路用性能。

(3)混合料拌和后、摊铺前均需进行和易性检验。

(4)加铺磨耗层之前必须保证原路面的洁净、干燥,且满足平整度等要求。

(5)摊铺时严格控制磨耗层的摊铺厚度和平整度指标。

外观鉴定方面,Nova Chip 超薄磨耗层需满足以下要求:

(1)Nova Chip 超薄磨耗层摊铺碾压施工完成后,表面结构须平整、密实,不可存在泛油、开裂、离析等现象。高速公路和一级公路加铺 Nova Chip 超薄磨耗层后允许缺陷比例为0.03%,二级及二级以下公路的允许缺陷比例为0.05%。

(2)路面结构的纵向接缝需要满足紧密平顺的要求。

(3)道路边缘与附属结构的衔接必须紧密平顺,不得存在积水和漏水现象。

对于 Nova Chip 超薄磨耗层,需要根据不同的磨耗层类别进行不同项目的检测,具体见表4-5。

Nova Chip 超薄磨耗层实测项目　　　　表4-5

项次	检查项目		规定值/允许偏差	检测方法和频率
1	现场空隙率(%)(min)		10	—
2	平整度	σ(mm)	2.5	平整度仪:全线每车道连续按每100m计算 IRI 或 σ
		IRI(m/km)(max)	3.0	
		最大间隙 h(mm)	—	3m 直尺:每200m测2处×10尺
3*	渗水系数(mL/min)(min)		500	渗水试验仪:每200m测1处
4	抗滑	摩擦系数	0.6~0.8	摆式仪:每200m测1处横向力系数测定车:全线连续
		横向力系数	60~80	
		构造深度(mm)	0.6~1.0	铺砂法:每200m测1处

续上表

项次	检查项目	规定值/允许偏差	检测方法和频率
5	厚度(mm)	A型,1.0~1.5 B型,1.6~2.0 C型,2.0~2.5	双车道每200m测1处
6	宽度(mm)	不小于设计	尺量:每200m测4断面
7	横坡(%)	±0.3	水准仪:每200m测4处

注:* 进行现场测试时,50%的测点应选择靠近路面边缘10cm的位置。测试时,应看到水从边缘横向流出和从表面空隙向上溢出。如果水向下渗透穿过防水黏结层,则说明防水黏结层无效。

4.4.5 ARC 抗裂薄层罩面

施工完成后,需要委托第三方对工程进行路用性能检测,其技术要求见表4-6。

ARC 抗裂薄层罩面工程实体质量检测　　　　　　表4-6

项目	质量要求或允许偏差	检验频率	试验方法
外观	表面平整、密实、均匀,无松散、无花白料、无刮痕	全线连续	目测
横、纵向接缝	对接平顺	每条	目测
边线	平顺	全线连续	目测或尺量
横坡	±0.3%	10个断面/km	路基路面几何尺寸测试方法 JTG 3450—2019 T 0911—2019
平均厚度(cm)	设计值的±10%	3个点/km	挖坑和钻芯测试路面厚度方法 JTG 3450—2019 T 0912—2019
平整度标准差(0.1mm)	≤1.5	全线连续	连续式平整度仪测试平整度方法 JTG 3450—2019 T 0932—2008
摆值	≥55	3个点/km	摆式仪测试路面摩擦系数方法 JTG 3450—2019 T 0964—2008
构造深度(mm)	≥0.6	3个点/km	手工铺砂法测试路面构造深度方法 JTG 3450—2019 T 0961—1995

4.4.6 DCT 超黏极薄罩面

施工完毕后,选择合适路段(下行方向)进行施工质量及路用性能检测,把罩面的厚度、宽度、构造深度、摩擦系数及渗水系数等实测项目作为评价指标,见表4-7。

DCT 超黏极薄罩面层检测结果　　　　　　　　　表 4-7

检查项目	单位	规定值
厚度	mm	15 ± 2
宽度	mm	11380 ± 2
构造深度	mm	≥0.7
摩擦系数	—	≥45
渗水系数	mL/min	≥400

第 5 章

温拌技术施工

5.1 施工准备

5.1.1 原路处理

在试验段铺筑之前对原路面进行相关指标检测,做好记录,并顺着行车方向,画出铣刨、填料摊铺的宽度范围。根据路段具体情况确定铣刨深度、宽度及长度。

5.1.2 清理及灌缝

铣刨过后,用切割机对坑槽外边缘进行修整,避免出现破茬;对需填补的路段进行清扫,并用气泵吹扫,保证填补前路面的清洁;路面需要灌缝时进行灌缝施工。

5.1.3 黏层油喷洒

混凝土摊铺前最少一小时进行黏层油喷洒,喷洒时必须保证喷洒均匀,喷洒量控制在 $0.4 \sim 0.6 \text{kg/m}^2$ 范围内。风速 3 级以下适度加快喷洒速度,即将下雨时不得喷洒。喷洒时,沟槽两侧必须用木板隔离,隔离范围应超出喷洒区域至少 50cm,以防止黏层油流到不需要喷洒的地方。宜用洒布机均匀喷洒,以防止污染原路面。机械喷洒不到的地方或少洒漏洒的地方(尤其切面和底面),必须人工补洒。施工必须配备齐全的施工机械,做好开工前的保养、调试和试机工作,并保证在施工期间不发生有碍施工进行和质量的故障。

5.2 温拌薄层罩面生产及运输

5.2.1 UTAC 超薄罩面

混合料拌和过程中,先进行改性剂和集料的干拌,再加入沥青和温拌助剂,最后加入矿粉,详见 3.2.1 节。拌和、施工环节温度控制情况见表 5-1。

拌和、施工环节温度控制情况(℃)   表 5-1

项目	施工温度	项目	施工温度
沥青加热温度	150～160	沥青混合料出厂温度	165～175
矿料加热温度	180～190	摊铺温度	≥140

5.2.2 ECA 超薄罩面

通过预先试拌确定 HPM-1 改性剂与集料的干拌时间,其原材料的添加顺序与搅拌时间与 UTAC 超薄罩面类似。沥青混合料的出厂温度一般在 165～175℃ 范围内,相比普通改性沥青混合料的出厂温度降低 10K 左右,减小生产能耗;可减少 10% 的 CO_2 等气体以及粉尘的排放量,降低环境污染。出料温度可根据不同的环境温度进行调整,具体见表 5-2。

ECA-10 混合料施工温度(℃)   表 5-2

项目	施工温度	项目	施工温度
沥青加热温度	150～160	摊铺温度	≥155
矿料加热温度	165～175	开始碾压温度	≥145
沥青混合料出厂温度	165～175	开始复压温度	≥125
运输时温度	160～170	碾压终了温度	≥70

5.2.3 加入温拌剂的超薄磨耗层

试验段沥青混凝土生产之前需确保设备均运转正常,同步按照比例喷洒添加剂和沥青,严格把控每盘料的拌和与添加时间,避免花白料。通过控制室记录材料用量与拌和温度,并检查混凝土均匀性,发现异常及时处理。矿粉级配与生产设计标准级配的允许差值见表 5-3。

矿料级配与生产设计标准级配的允许差值 表 5-3

级配	波动范围(%)	级配	波动范围(%)
0.075mm	±2	≥4.75mm	±4
≤2.36mm	±3		

应采用数字显示插入式温度计检测超薄沥青混凝土的出厂温度和运到现场温度,保证混凝土出场温度在 135~140℃ 范围内,运输到现场温度不低于 135℃。

5.2.4 ZTS 耐久型罩面

ZTS-10 沥青混合料拌和时,首先加入各档集料和 ZTS,干拌 10s 左右,然后加入沥青和矿粉继续拌和,温度控制要求见表 5-4。

ZTS-10 沥青混合温度控制要求(℃) 表 5-4

项目	控制温度	项目	控制温度
沥青加热温度	140~150	开始复压温度	≥125
矿料加热温度	170~200	碾压终了温度	≥80
沥青混合料出厂温度	150~170	开放交通温度要求	≤50
摊铺温度	≥140	施工温度要求	≥5
开始碾压温度	≥135		

5.3 温拌薄层罩面现场施工

(1)温拌薄层罩面沥青混凝土的摊铺,应清扫原有路面的表面,并喷洒黏层后进行,摊铺过程中应该注意如下几点:

①摊铺机开工前应提前 0.5~1h 预热,熨平板不低于 100℃。摊铺机就位后,用垫板垫好,垫板厚度为混凝土压实厚度乘以松铺系数。熨平板的横坡度和原路面一致,用水准仪校正准确。

②铺筑过程中应选择熨平板的振捣等压实装置,装置需具有合适的振动频率和振幅,以提高路面的初始压实度。应仔细调节至摊铺的混凝土没有明显的离析痕迹。

③摊铺机必须缓慢、均匀、连续不间断地摊铺,不得随意变换速度或中途停顿,以提高平整度,减少混凝土的离析。摊铺速度宜控制在 2~2.5m/min 的范围内。起步摊铺 10~15m 长度后,立即检测摊铺好的混凝土的厚度、高程、横坡度,如全部达标可继续摊铺。

④用机械摊铺的超薄沥青混凝土未压实前,施工人员不得进入踩踏。一般不用人工不断地整修,只有在特殊情况下,如局部离析,需在现场主管人员指导下,允许人工找补或更换混凝土;缺陷较严重时应予铲除,并调整摊铺机或改进摊铺工艺。当发现混凝土出现明显的离析、波浪、裂缝时,应分析原因,予以消除[71]。

⑤采用两台摊铺机摊铺施工,摊铺机应调整到最佳工作状态,调好螺旋布料器两端的自动料位器,并使料门开度、链板送料器的速度和螺旋布料器的转速相匹配。以螺旋布料器内混凝土高度略高于螺旋布料器 2/3 为准,使熨平板的挡板前混凝土的高度在全宽范围内保持一致,避免摊铺层出现离析现象。

⑥摊铺厚度采用非接触式平衡梁控制方式。检测松铺厚度是否符合规定(2.8~3cm),松铺系数取 1.15~1.20。摊前熨平板应预热至规定温度,摊铺机熨平板必须拼接紧密,不许存在缝隙,防止卡入粒料将铺面拉出条痕[72]。

(2)为保证压实度和平整度,应做到初压和复压的压路机紧跟碾压。根据相关施工经验,一般双钢轮振动压路机振动初压 2 遍,轮胎压路机复压 5 遍,双钢轮压路机静压终压 2 遍。具体碾压方式及参数如下:

①压路机应以缓慢而均匀的速度碾压,压路机的适宜碾压速度按表 5-5 执行。

压路机碾压速度(m/min) 表 5-5

压路机类型	初压	复压	终压
	适宜	适宜	适宜
钢轮振动压路机	4~5	—	—
轮胎压路机	—	2.5~3.5	—
钢轮压路机	—	—	3~5(静压)

②为避免碾压时混凝土推挤产生拥包,碾压时应将驱动轮朝向摊铺机碾压,路线及方向不应突然改变,压路机启动、停止必须减速缓行,不准制动,压路机折回不应处在同一横断面上。

③在当天碾压的尚未冷却的超薄沥青混凝土层面上,不得停放压路机或其他车辆,并防止矿料、油料和杂物散落在沥青面层上。

④现场要对初压、复压、终压段设置明显标志,设专人引导,以便于司机辨认。对松铺厚度、碾压顺序、压路机组合、碾压遍数、碾压速度及碾压温度应设专岗管理和检查,使面层做到既不漏压也不超压。

⑤应向胶轮压路机轮上喷洒或涂刷植物油,量以不黏轮为度,不得流淌。

⑥纵向施工缝。当采用两台摊铺机成梯队联合摊铺方式时,纵向接缝应采用斜接缝。在前部已摊铺混凝土部分,留下宽30cm左右暂不碾压,作为后高程基准面,并确保左右的摊铺层重叠 5~10cm,以热接缝形式最后进行跨接缝碾压以消除缝迹。如果两台摊铺机相隔距离较短,也可一次碾压。

⑦压实完毕摊铺机退场后,路面温度降到 70℃ 以下,画线完毕后,在道路没有超载车的情况下,可开放交通。

(3)施工缝处理应按照以下步骤进行:

①纵向接缝。和原路面之间的纵向接缝采取冷接方式处理,在切面与底面涂刷黏层油。

摊铺时,用热料预热接缝,人工整平后用压路机进行纵向碾压。碾压时压路机位于已压实的面层上侧道,先压新铺层(此时新铺面层纵向接缝和已经压好的面层成为一个整体),然后,逐渐斜向移位错过新铺层再与新铺的混凝土一起碾压,再改为纵向碾压使之平顺紧密[73]。

②横向接缝:采用垂直的平接缝,垂直于路中线切除端部,切面与底面涂刷黏层油。摊铺时,用热料预热接缝,人工整平后用压路机进行横向碾压。碾压时压路机位于已压实的面层上,先压新铺层,逐渐斜向移位错过新铺层再与新铺的混凝土一起碾压,再改为纵向碾压,使之平顺和紧密。

(4)养护。施工完成后,待热拌沥青混合料自然冷却,表面温度小于50℃,一般20min后即可开放交通。混合料摊铺施工时,对气温没有特殊要求,但为了保证施工质量,迅速开放交通,气温最好大于10℃;下雨和路面有积水的情况下不得进行摊铺施工。

5.4 现场检测

为了保证施工质量,施工结束后需要对沥青路面进行必要的质量检测,成型路面质量检测技术要求见表5-6。

成型路面质量检测技术要求 表5-6

检测区域	构造深度(mm)	摆值	渗水系数(mL/min)
技术要求	≥0.55	≥0.55	≤150

第 6 章

常温技术施工

6.1 施工准备

在加铺超黏磨耗层前,必须将原路面坑槽、麻面等既有病害彻底挖除并填补,确保磨耗层施工质量。根据不同病害破损的特征及产生原因制定有效的处理措施,及时消除质量隐患,防止病害扩大,从而保证路面的使用质量和期限。其中,宽度不足 6mm 的裂缝以及深度不超出 12mm 的车辙不予处治,而对于宽度在 6mm 以上的裂缝、深度超出 12mm 的车辙必须用填缝料填补。对采取以上措施预处治后的沥青路面结构强度必须进行检测,待满足强度要求后方可加铺超黏磨耗层罩面。

6.2 路面摊铺施工

6.2.1 HVE 超黏磨耗层

HVE 超黏磨耗层摊铺施工,主要分为以下几个步骤:

(1)将装好料的摊铺机开至施工起点,对准走向控制线,并调整摊铺箱摊铺厚度与拱度,使摊铺箱周边与原路面黏紧。

（2）结合相关施工参数对超黏磨耗纤维封层施工设备喷洒量、碎石撒布量等进行调整，随后展开全线养护施工。

（3）开动发动机，接合拌和缸离合器，使搅拌轴正常运转，并开启摊铺箱螺旋分料器，纤维封层施工设备最佳行进速度按照3.5km/h控制。

（4）打开各料门控制开关，使石料、水泥、水同时进入拌和缸，在纤维封层施工后由碎石撒布车紧跟撒布，行进速度必须和纤维封层施工设备相匹配，且碎石料的撒布必须在沥青破乳前完成。按照设计要求在沥青破乳前撒布一段碎石料，此后即刻用10t胶轮压路机以2.0km/h的速度紧跟碾压2～3遍，确保稳压后的碎石料嵌入部分占粒径的1/2，现场施工情况如图6-1所示[52]。

图6-1　现场施工情况

（5）待超黏磨耗层养护施工结束后，路面热拌沥青混合料必须自然冷却15～40min，直到面层温度降至50℃后再开放交通。

6.2.2　复合式冷拌树脂碎石薄层罩面

采用复合式冷拌树脂碎石薄层罩面对桥面病害进行处治时，为保证维修工程的施工质量，应按照以下工序进行施工：

（1）喷砂拉毛。

首先对原环氧沥青铺装表层进行喷砂处理，使表面粗糙化，喷砂深度控制在1～2mm范围内，起以下作用：

①暴露原铺装隐蔽裂缝，利于裂缝处治。

②增大原铺装表面的粗糙度，增强与环氧树脂的黏结作用。

（2）渗透性树脂涂布。

铺装表面裂缝处治完毕后，应立即进行渗透性树脂封层施工，主要工序如下：

①采用鼓风机吹干吹净铺装工作面，保证铺装表面洁净，无灰尘等杂物。

②渗透性树脂采取人工刮涂的方式,按照 $0.4 \sim 0.6 kg/m^2$ 的涂布量控制。

③石英砂应紧跟环氧树脂的刮涂工艺撒布,石英砂撒布应均匀,无堆积。

(3)高韧性树脂涂布。

待渗透性树脂封层养护固化后,进行上层高韧性树脂涂布,主要工序如下:

①对渗透性树脂封层表面进行清理,保证其表面洁净、干燥。

②采用人工刮涂的方式涂布高韧性树脂,涂布量按 $1 \sim 1.2 kg/m^2$ 控制。

(4)碎石撒布。

碎石紧跟高韧性树脂刮涂工艺分两层撒布,第一层碎石粒径为 $2.6 \sim 4.75mm$,第二层碎石粒径为 $1.18 \sim 2.6mm$,碎石上下嵌挤形成平整表面。

(5)养护及开放交通。

高韧性树脂封层养护 1d 左右时间即可开放交通。

6.2.3 降噪抗滑薄层罩面

传统冷拌超薄磨耗层在摊铺时采用专用设备,其工作原理为:将混合料平铺于路面并利用胶皮进行刮平,没有对冷拌超薄耗层产生初始压实度。与此同时,胶皮刮平路面的过程中常常造成路表集料错位,所形成的路面存在平整度低、噪声大、易剥落等缺点。此时可采用传统摊铺机进行路面铺筑,通过摊铺机熨平板及夯锤提供冷铺路面初始压实度,使冷拌路面平整度媲美常规热拌沥青混合料,具体的摊铺碾压步骤如下:

(1)降噪抗滑薄层罩面采用同步摊铺工艺,实现黏层油洒布和混合料铺筑的同步实施,在提升施工效率的同时,大大降低黏层体系被污染的可能性,确保超薄磨耗层与下承层紧密联结为一个整体。同步摊铺的另一优势是可以实现黏层油的均匀洒布,有利于提升超薄磨耗层的整体稳定性。

(2)摊铺前应调试好摊铺机各个环节,特别注意熨平板的拼接无明显缝隙,避免卡料造成摊铺面出现中间拉痕。摊铺作业时采用中强夯等级,保证摊铺面初始压实度大于90%。

(3)摊铺速度一般为 $6 \sim 10m/min$,具体应结合混合料产量、铺筑层厚及宽度、机械配套情况、作业人员专业素质综合考虑,避免停机待料造成的局部离析。摊铺过程中除局部缺陷处需人工找补外,尽量避免施工人员踩踏铺面。

(4)乳化沥青冷拌混合料摊铺后需进行路面养护,使混合料逐渐破乳形成初始强度。当路面表面由褐色转变为黑色,且无明显油渍时,改用 $10 \sim 13t$ 双钢轮压路机碾压 $1 \sim 2$ 遍,将混合料内部水分挤出。此时应注意充分喷洒隔离剂,避免黏轮造成路面缺陷。待晾晒一段时间,水分基本蒸发后继续使用 $10 \sim 13t$ 双钢轮压路机复压收光至密实为止。

(5)碾压过程中如产生路面推移现象应立即停止,待路面破乳程度加大形成稳定强度后再尝试碾压。如因天气情况,路面当天无法完成碾压程序,可后续在高温条件下采用 $10 \sim 13t$ 双钢轮压路机振动碾压。

(6)碾压环节应遵循"紧跟慢压"的原则,压路机的轮迹应重叠 $1/4 \sim 1/3$ 碾压宽度,保证压实程序均匀有序,不出现漏压、多压的情况。如碾压过程中出现路面油斑,应及时清除。

(7)降噪抗滑薄层罩面施工遇雨应立即停止铺筑,以防雨水将乳液冲走。施工结束后宜封闭交通 2~6h,并注意做好早期养护。开放交通初期,应设专人指挥车速不得超过 20km/h,不得制动或掉头。

6.3 验评标准

6.3.1 HVE 超黏磨耗层

(1)拉拔试验。

在养护后的行车道轮迹带钻孔取芯,并保证孔深超出超黏磨耗层厚度后深入下承层 5mm 内,孔径 100mm,使用拉拔仪匀速施加拉拔力。按照 10kN/min 的试验速率拉拔至超黏磨耗层脱离下承层后进行拉拔仪上最大测值的读取,并根据式(6-1)确定拉拔强度。

$$F = \frac{4P \times 10^3}{\pi D^2} \tag{6-1}$$

式中,F 为拉拔强度(MPa);P 为拉拔力最大值(kN);D 为钻孔直径(mm)。

根据现场取芯试验所测得的拉拔力结果,通过式(6-1)进行拉拔强度计算,得出拉拔强度均值,其值大于设计值时,该路面养护处治后强度满足规范要求。

(2)扭转试验。

为开展沥青路面超黏磨耗层剪切强度检测,必须开展现场扭转试验,其试验方式与拉拔试验基本一致:钻芯取样后,将扭剪盘接头套在扭矩扳手扭剪头上,匀速施加扭矩,并在 5~15s 的扭转时间内连续扭转 90°,使超黏磨耗层完全脱离下承层,并读取扭矩扳手所测得的扭矩最大值[74],通过式(6-2)计算剪切强度。

$$\tau = \frac{12M \times 10^3}{\pi D^3} \tag{6-2}$$

式中,M 为扭矩最大值(kN·m);其余参数含义和拉拔试验中参数一致。

结合现场扭矩最大值实测数据,应用式(6-2)便可求出沥青路面扭转剪切强度均值,其值大于设计值时,该路面养护处治后强度满足规范要求。

6.3.2 复合式冷拌树脂碎石薄层罩面

复合式冷拌树脂碎石薄层罩面的检查验收要求见表 6-1。

复合式冷拌树脂碎石薄层罩面的检查验收要求　　表 6-1

检测项目	检查频度	质量要求或允许偏差	检测方法
树脂外观	随时	均匀一致,无气泡、异物	目视
树脂涂布量	每2000m² 三点	±0.1kg/m³	单位面积称重

续上表

检测项目	检查频度	质量要求或允许偏差	检测方法
拉拔强度	每2000m² 三点	≥3MPa	GB/T 5210—2006
集料撒布	随时	均匀一致，撒布率95%以上	目视
摆值	每200m 一处	≥60	摆式仪

6.3.3 降噪抗滑薄层罩面

在降噪抗滑薄层罩面施工完成之后，对施工区域进行实时监测，结合现行《公路路基路面现场测试规程》(JTG 3450)进行全面数据提取，检测指标包括构造深度、抗水性能、摆值等。施工前后性能指标对比应满足表6-2的要求。

降噪抗滑薄层罩面施工前后性能指标   表6-2

性能指标	脱落情况	构造深度（mm）	噪声（dB）	摆值	渗水系数（mL/min）
变化趋势	无	上升	下降	上升	下降

第7章

热拌技术应用案例

7.1 OGFC 超薄磨耗层

7.1.1 工程概况

河北省内某高速公路工程项目全长 145.852km,其中某合同段总长度 13.65km,工程所在地的地势南高北低,主要的不良地质为软基、滑坡等。公路路线所在区域夏季雨量多且集中。在公路路面施工中,为满足排水要求,决定采用 OGFC-13 混合料。

7.1.2 混合料拌和

OGFC 排水性沥青混凝土路面混合料级配见表 7-1。

OGFC 排水性沥青混凝土路面混合料级配　　　　　　　　　　　　表 7-1

筛孔尺寸 (mm)	矿料级配通过质量百分率(%)					设计级配范围 (%)	合成级配范围 (%)
	10~15mm 碎石	5~10mm 碎石	砂	矿粉	水泥		
	66	20	9	3	2		
16.000	100	—	—	—	—	100	100
13.200	88.4	100	—	—	—	90~100	92.3

筛孔尺寸（mm）	矿料级配通过质量百分率（%）					设计级配范围（%）	合成级配范围（%）
	10~15mm 碎石	5~10mm 碎石	砂	矿粉	水泥		
	66	20	9	3	2		
9.500	29.1	84.5	100	—	—	47~68	50.1
4.750	0.8	6.9	100	—	—	11~35	15.9
2.360	0	0.9	97.8	—	—	10~20	14.0
1.180	—	—	84.8	—	—	9~17	12.6
0.600	—	—	68.1	100	—	7~15	11.1
0.300	—	—	12.1	98.6	100	6~12	10.1
0.150	—	—	5.2	93.9	98.7	4~10	5.3
0.075	—	—	2.5	84.7	92.8	3~7	4.6

混合料拌和在拌和楼集中进行，每天开机前都应做好混合料筛分，烘干筒中燃料应充分燃烧，防止碎石表面产生柴油膜影响沥青和碎石之间的黏附，导致路面早期损坏，定期标定拌和机所用温度仪表，使温度始终处在允许范围内。材料添加顺序为粗、细集料→聚酯纤维→矿粉、碎石、TAFPACK SUPER 沥青添加剂（TPS）、沥青、消石灰、聚酯纤维→TPS 添加剂，先干拌 17s，再加入基质沥青连续湿拌 45s。

拌和楼单位时间（1h）生产能力应达到 190t，添加剂由自动投放机投放，聚酯纤维采用人工投放。在聚酯纤维投放和装车位置分别安排专业检测人员逐盘检测聚酯纤维材料添加情况，若发现异常情况，如淌油与干燥等，应将其废弃。为防止原材料遭到风雨的侵蚀，需要为冷料仓设置风雨棚。在拌和过程中做好回收粉使用，将其管道拆除后，按照湿法原理排放回收粉，并建立专用台账。在每天开机过程中应先废除前两盘混合料，之后拌和完成的混合料才能装车使用。混合料拌和进入正常状态后，严格按照规范要求进行取样检测，确定包含级配与油石比在内的指标是否满足要求，同时做好实测结果的反馈[75]。

7.1.3 混合料运输

混合料拌和完成后尽快装车运输，采用统一且固定的车辆，装车前在车厢内壁设置岩棉，起到良好的保温作用。同时要设好测温孔，装车完成后立即覆盖篷布，将混合料封闭，并用缆绳绑紧，防止运输途中篷布被掀开使混合料温度大幅降低。在每次装车前都应清理车厢，并均匀涂抹一层隔离剂，在没有特殊要求的情况下可使用食用油，但要注意不可喷洒，只能涂抹。

7.1.4 混合料摊铺

运输到场的混合料在正常段利用 ABG525 型摊铺机以梯队形式进行全断面摊铺，加宽段在 ABG525 型摊铺机摊铺的基础上再利用伸缩摊铺机同样以梯队形式进行全断面摊铺，其拼接宽度在正常段基础上考虑一定的加宽值。混合料摊铺过程中的平整度与厚度控制借助非接触式平衡梁完成。混合料摊铺的松铺系数取 1.1，据此计算得出松铺厚度为 5.5cm。摊铺机的行驶速度需控制在 2.2～2.5m/min 范围内，前、后摊铺机之间的距离在 3～5m 的范围内，搭接宽度在 5～10cm 的范围内。

摊铺开始前为摊铺机配备足够的灌装煤气，用于对熨平板进行预热。将混合料运输到施工现场后，立即进行温度检测，为现场施工提供指导。温度不满足施工要求的混合料应将其废弃，摊铺应保持连续和匀速，不可忽快忽慢。在每天开机前要做好熨平板清理，摊铺机前不能有遗洒的混合料。若不慎遗洒，应立即清理。如果在摊铺过程中产生小片油斑，应按照点播法及时修复，采用人工点播完成的混合料尽快碾压密实。采取必要的措施使工序施工保持连续。若需要临时停机，需要在无法碾压的部位均匀覆盖一层篷布，以免此处混合料温度快速降低，无法满足要求。

7.1.5　混合料碾压与温度管理

OGFC 排水性沥青混凝土路面混合料碾压不可使用胶轮压路机，以双钢轮压路机为宜，混合料碾压遍数一般为 4 遍，且每遍碾压都要有 30cm 宽的重叠，压路机行驶速度按照 3～4km/h 控制。为每台压路机分别配备 2 名驾驶员，以保证连续作业。当需要在桥面进行碾压时，应注意以下几点：桥面结构处在悬空状态下，所以对温度更加敏感，因此，桥面摊铺所用混合料的实际温度应比其他段落高出 3～5℃，同时要减慢摊铺速度，缩短摊铺和碾压之间的空白时间[76]。

温度管理是路面施工的关键所在。其中，在沥青加热过程中，温度需按照 160～170℃ 的范围控制；在集料加热过程中，温度需按照 180～195℃ 的范围控制；在混合料拌和过程中，温度需按照 175～185℃ 的范围控制；对摊铺机熨平板进行加热时，温度按照 130℃ 控制；在摊铺施工中，要求混合料温度达到 160℃ 及以上；在混合料初压和复压过程中，要求混合料温度保持在 130～165℃ 范围内；在混合料终压过程中，要求混合料温度保持在 90～110℃ 范围内。

7.1.6　接缝处理

接缝由人工进行。在接缝开始前需要在施工缝的表面涂抹一层黏层油，在黏层油水分完全蒸发之前，不可进行接缝。考虑接缝处理难度相对较大，根据以往施工经验，应严格遵循下列施工口诀："停好机、舍得切、垫得准、起得稳、压得好。"在每天碾压接缝处理过程中都应在冷面上均匀铺设一层帆布，以防止压路机对施工完成的路面造成污染或破坏。施工中使用的所有机械设备都应采取必要的防漏油措施同时做好检查和处理工作，在现场进行设备清理时，需要在设备的下部垫一层帆布。

7.1.7 施工质量控制

OGFC排水性沥青混凝土路面混合料应达到表7-2中的各项技术要求。

OGFC排水性沥青混凝土路面混合料级配　　　　　　　　表7-2

试验项目		技术要求	备注
击实次数（双面）（次）		50	沥青混合料试件制作方法 JTG E20—2011 T 0702
试件尺寸（mm）		$\phi101.6\times63.5$	—
空隙率（%）		19～22	压实沥青混合料密度试验 JTG E20—2011 T 0708
连通空隙率（%）		≥14	项目规定值
马歇尔稳定度（kN）		≥5.0	沥青混合料马歇尔稳定度试验 JTG E20—2011 T 0709
残留稳定度（%）		≥85	项目规定值
冻融劈裂残留强度比（%）		≥85	项目规定值
低温弯曲破坏应变（$\mu\varepsilon$）		≥2500	项目规定值
析漏试验（%）	不加聚酯纤维	<0.6	沥青混合料谢伦堡沥青析漏试验 JTG E20—2011 T 0732
	加入聚酯纤维	<0.5	
肯塔堡飞散损失（%）		≤15	沥青混合料肯塔堡飞散试验 JTG E20—2011 T 0733
动稳定度（次/mm）		≥5000	项目规定值
渗水试验（mL/15s）		≥900	项目规定值
沥青膜厚度（μm）		≥12	项目规定值

在混合料生产中，主要室内试验项目及其要求见表7-3。

混合料生产主要室内试验项目及其要求　　　　　　　　表7-3

检查项目		规定值或允许偏差	检查方法与频率
马歇尔稳定度（kN）		≥5.0	马歇尔试验，每机，每天上、下午分别进行一次
空隙率（%）		19～22	
连通空隙率（%）		≥14	
残留稳定度（%）		≥85	
热料仓混合料级配（%）	13.2mm	±2	每天开机前进行一次
	4.75mm	±2	
	2.36mm	±2	

续上表

检查项目		规定值或允许偏差	检查方法与频率
混合料级配（%）	13.2mm	±5	燃烧法,每天上、下午分别进行一次
	4.75mm	±4	
	2.36mm	±2	
	0.075mm	±2	
油石比(%)		±0.2	
车辙试验动稳定度（次/mm）		≥5000	每天进行一次
车辙试验最终变形量（mm）		≤3	
飞散试验质量损失量（%）		≤15	在料源或生产配合比发生变化时进行,同时注意不能超出单幅10km
析漏试验（%）	不加聚酯纤维 <0.6		
	加入聚酯纤维 <0.5		
冻融劈裂强度比（%）		≥85	

在混合料生产中,还应在路面施工中进行以下检查:

(1)温度检查。

沥青加热温度检查利用温度计进行,每罐混合料检查1次。要求保持在160~170℃范围内;集料加热温度利用接触式感温仪检查,每锅混合料检查1次,要求保持在180~195℃范围内;混合料拌和温度利用接触式感温仪检查,每锅混合料检查1次,要求保持在175~185℃范围内;混合料出厂温度利用温度计检查,每车混合料检查1次,要求保持在175~185℃范围内;混合料摊铺温度利用温度计检查,每50m检查1处,要求不低于160℃;混合料初压与复压时的温度利用温度计检查,每50m检查1处,要求保持在130~165℃范围内;混合料终压时的温度利用温度计检查,每200m检查1处,要求保持在90~110℃范围内。

(2)外观检查。

每车混合料检查1次,要求不能出现流淌,保持均匀一致,没有花白、离析、结团等异常情况。

(3)摊铺速度检查。

在施工中应随时进行,要求保持在2.2~2.5m/min范围内。

(4)摊铺外观检查。

在施工中应随时进行,要求保持平整,没有明显的拖痕与离析现象。

(5)虚铺厚度检查。

采用钢板尺每20m检查1处,具体以试验段实测结果为依据确定。

（6）碾压遍数检查。

每段检查 1 处,具体以试验段实测结果为依据确定。

路面施工完成后,还应对施工质量进行检查:

（1）压实度。

按照相关规范要求进行,双车道每 200m 检查 1 处。若按照标准密度,需达到 98% 及以上;若按照最大理论密度,需达到 77% 及以上。

（2）平整度。

从施工完毕的路段上随机选取 10 个点位(以 1～10 号表示),用八轮平整度测试仪进行检测,具体结果如下:1 号测点 0.47mm,2 号测点 0.54mm,3 号测点 0.65mm,4 号测点 0.57mm,5 号测点 0.64mm,6 号测点 0.65mm,7 号测点 0.68mm,8 号测点 0.70mm,9 号测点 0.69mm,10 号测点 0.57mm。现行规范规定,排水沥青路面的平整度允许偏差不大于 1.2mm。由检测结果可知,该路面的平整度合格。

（3）厚度代表值。

按照相关规范的要求检查,双车道每 200m 检查 1 处,要求总厚度不小于设计值的 −5% ,上面层厚度不小于设计值的 −10% 。

（4）中线平面。

采用经纬仪每 200m 检查 4 个点位,要求偏差不超过 ±20mm。

（5）纵断面高程。

采用水准仪每 200m 检查 4 个断面,要求偏差不超过 ±15mm。

（6）宽度。

采用尺量的方法每 200m 检测 4 个断面,要求偏差不超过 ±20mm。

（7）横坡。

采用水准仪每 200m 检测 4 个点位,要求偏差不超过 ±0.3% 。

（8）弯沉。

按照相关规范的要求进行检查,结果应与设计要求完全相符。

（9）空隙率。

采用钻孔取样的方法每 1000m 单幅检查 2 个点位,要求结果保持在 19%～22% 范围内。

（10）连通空隙率。

采用钻孔取样的方法每 1000m 单幅检查 2 个点位,要求结果不小于 14% 。

（11）现场渗水量。

采用现场渗水仪每 200m、每车道检查 1 处,要求结果不小于 900mL/15s,并可用洒水车在施工完毕后的路面上洒水,对渗水效果进行观测。由观测结果可知,该路面的渗水效果良好,在雨天时可以发挥出排水功能。

通过精心的现场组织和管理,该工程排水性路面施工顺利完成,通过现场实测,主要技术指标均达到要求。

7.2　SMA 超薄磨耗层

7.2.1　工程介绍

辽宁省某 SMA 养护维修工程,涉及范围为 K1287 + 000 ~ K1440 + 622 段。该高速公路为双向 4 车道,设计最高时速为 120km。近年来,由于交通运输需求量不断增加,项目建成后,路面出现了细微裂缝和车辙等典型病害。评估高速公路技术状态关键指标后发现,该高速公路并没有出现严重的结构性缺陷,总体表现尚佳。由此推断,应该采用 SMA-10 超薄磨耗层进行公路养护。该高速公路原路面技术指标见表 7-4。

<table>
<tr><td colspan="4">该高速公路原路面技术指标 　　　　　　　表 7-4</td></tr>
<tr><th>桩号</th><th>PCI</th><th>RQI</th><th>RDI</th></tr>
<tr><td>K17 ~ K18</td><td>88.79</td><td>94.04</td><td>95.58</td></tr>
</table>

7.2.2　施工方案设计

通过设计比较,确定采用 SMA-10 + SBS 改性乳化沥青超薄磨耗层施工技术。在超薄型磨耗层的施工中,使用普通摊铺机,对其进行异步施工。在摊铺 SMA-10 沥青混合料前,预先喷洒黏层油,喷洒量设定为 $0.5L/m^2$,其温度设定为 50℃左右。喷洒完毕后,严禁机动车和行人通过,等乳化沥青彻底破乳后,才可摊铺。

7.2.3　原材料要求

(1)粗集料、细集料、填充物、稳定剂。

SMA-10 超薄磨耗层所用的粗、细集料主要为玄武岩碎石、矿物粉末与石灰石矿粉末,并选用美国研制的灰粒木素作为稳定剂。以上材料的性能参数需满足表 2-22 ~ 表 2-25 中高速公路及一级公路表面层的技术要求。

(2)沥青胶凝材料和黏层油。

以某品牌 SBSI-D 为改性沥青混合料,以 SBSI-D 改性乳化沥青作为黏层油,其性能均达到附表 1-2 中聚合物改性沥青技术要求。

(3)配比设定。

按照马歇尔配合比开展试验设计,得出 SMA-10 超薄磨耗层最佳油石比为 6.0%。

7.2.4　施工步骤

(1)对原始摊铺材料进行检验。

由于超薄磨耗层的摊铺厚度比较薄,如果原路面出现坑洼,或表面杂质过多将会造成超薄磨耗层与原路面之间不能很好地黏结成一个整体,从而造成超薄磨耗层不能达到理想的应用效果。因此,在摊铺前,要对原路面进行平整、清洁,对于坑槽或其他较大的路面缺陷,也要经过适当的填补才能摊铺。

(2)制备沥青拌合物。

超薄磨耗层路用沥青混合料的制备技术与常规技术相差无几,但SMA-10超薄耗层路使用极小的摊铺面,这就导致了其在摊铺时,极易发生温升损失。这对混合料搅拌过程中的温度调控提出了更高的要求。比如,对于碎石集料,推荐的加热温度是180℃;沥青的加热温度是165~175℃;对于沥青混合料的搅拌温度,推荐的是170~180℃。无论哪一种混合料搅拌,都要保证均匀,无明显离析、花白等质量问题[77]。

(3)摊铺和压实。

搅拌完成后沥青混合料通常推荐在150~170℃的高温下摊铺。为了提高公路路面的平坦度,降低混合料离析,摊铺机一定要以2~3m/min的速度低速、均匀、连续不间断地进行摊铺,不能任意改变速度,也不能在半路停车。另外,由于超薄磨耗层比较薄,在施工过程中,不能使用振捣,而应静压实。在完成了碾压工作后,通行的车辆可以等待公路表面温度降到50℃再正常行驶。

7.2.5 施工效果评价

在SMA-10超薄磨耗层施工完成后,通过对该道路进行路面结构设计,测试路面结构参数,并对路面结构深度摩擦系数、渗透系数等进行测试,来评价施工效果,详情见表7-5。

公路 SMA-10 超薄磨耗层施工前后对比   表7-5

类别	PCI	RQI	RDI	深度(mm)	摩擦系数	渗水率(mL/min)
原路面	87	87	83	0.69	52	35.0
施工后路面	94	95	90	1.10	68	17.9

由表7-5的试验结果可以看出,经过SMA-10超薄耗层摊铺后,沥青混合料的综合力学性质发生了很大的改变。PCI、RQI、RDI等3项指标的等级均有所提升(从原路面的良好提升为优秀)。这表明预防性防护技术对于提高公路路面性能具有重要的价值和效果。而从其他指标来看,在摊铺SMA-10超薄耗层后,鹤大高速(大庄段)公路路面的构造深度也提高到1.10mm,摩擦系数增大到68,渗透率下降到17.9mL/min。因此,SMA-10超薄磨耗层摊铺可以明显地提高公路路面的抗滑性能和防渗性能,提高路面使用的安全性和耐久性,为行车安全提供保障。

7.2.6 施工结论

从高速公路长期安全稳定运行的观点出发,对轻微病害进行养护,既能有效地延长其使用寿命,又能节省大量的维护费用。而SMA-10超薄磨耗层技术作为一种良好的预防性养护技术,具有极高的应用价值。通过对高速公路路面运用 SMA-10 超细耐层摊铺、压实,路面的各项技术参数基本达到了设计要求,并大幅提高了抗滑性能和防渗性能。因此在出现细小损伤的高速公路养护过程中,使用 SMA-10 超细耐磨层是可行的。同时 SMA-10 超细耐磨层虽然应用效果较为显著,但成本较高,因此在对养护方案进行处理时,还需要针对高速公路的具体条件和情况,选择适合的养护方案,才能切实提高高速公路质量,保障道路交通安全[78]。

7.3 Thus 极薄磨耗层

7.3.1 工程介绍

广州某项目全长 38.4km,全线双向 6 车道,设计行车速度 80km/h。原路面 K0 ~ K16 + 545 处类型为水泥混凝土路面,2012 年在该路段水泥混凝土路面上加铺了 8cm 厚的沥青混凝土路面("白加黑"改造),在行车荷载及自然条件作用下,"白加黑"路段路面的表面功能已产生较大的衰减,且正在进入加速期。

路面的主要病害为局部轻度和正在发展中的坑槽(损坏还没有达到表面)、局部轻度松散,表现为细集料剥落轻度到中度的车辙、轻度到中度的反射裂缝和纵向裂缝局部的网裂。2017 年对"白加黑"部分路段加铺了 1.2cm 的 Thus-12 极薄磨耗层,以达到恢复道路表面功能和降低噪声的目的[79]。

7.3.2 施工方案设计

本项目施工采用的改性沥青为 SBS(PG-22)改性沥青,添加 TH-WH809 复配剂制备沥青胶结料,粗集料采用的是 5 ~ 8mm 的辉绿岩,细集料采用的是 0 ~ 3mm 的石灰岩石屑,填料采用的是石灰岩矿粉。其中,矿料目标配合比设计级配见表 7-6,合成级配见表 7-7,设计级配下各档料的比例见表 7-8,实际各档料的比例见表 7-9。

目标配合比设计级配   表 7-6

项目	筛孔尺寸(mm)								
	9.500	6.300	4.750	2.360	1.180	0.600	0.300	0.150	0.075
Thus-12(%)	100	52	26.3	22.6	16.6	10.9	7.8	6.8	5.8
级配范围(%)	100	50 ~ 100	18 ~ 30	16 ~ 30	12 ~ 20	8 ~ 16	6 ~ 12	5 ~ 10	3 ~ 8

合成级配   表 7-7

项目	筛孔尺寸(mm)								
	9.500	6.300	4.750	2.360	1.180	0.600	0.300	0.150	0.075
Thus-12(%)	100	55.4	26.1	19.4	16.1	11.8	8.2	6.3	5.6
级配范围(%)	100	50 ~ 100	18 ~ 30	16 ~ 30	12 ~ 20	8 ~ 16	6 ~ 12	5 ~ 10	3 ~ 8

设计级配下各档料比例　表7-8

项目	矿料尺寸(mm)		矿粉
	5 ~ 8	0 ~ 3	
Thus-12(%)	76	23	1

实际各档料比例　表7-9

项目	矿料尺寸(mm)			矿粉
	6 ~ 9	3 ~ 6	0 ~ 3	
Thus-12(%)	75	5	16	4

根据 Thus-12 极薄磨耗层马歇尔配合比设计要求和《公路沥青路面施工技术规范》(JTG F40—2004)中热拌沥青配合比设计方法,选定最佳油石比为5.0%。Thus-12极薄耗层生产配合比各粒径集料比例为6 ~ 9mm:3 ~ 6mm:0 ~ 3mm,矿粉=75%:5%:16%:4%,满足设计及规范要求。

在极薄磨耗层施工开始前,首先对路面存在的各种病害进行了处治,如封闭裂缝、修补坑槽等。处治完成后再运用同步摊铺机同时喷洒改性乳化沥青黏层和摊铺改性沥青混合料。施工过程中严格控制混合料出厂温度、摊铺温度和碾压温度,施工完成后检测极薄耗层构造深度满足大于1.0mm,渗水系数满足≥600mL/min的设计要求。

7.3.3　施工结论

综上所述,Thus-12极薄磨耗层预防性养护技术可应用于高速公路预防性养护,能够起到降噪、改善路面抗滑性能、恢复路面表面功能的作用,且采用同步摊铺技术可以有效地节省施工围蔽时间,实现快速开放交通。该高速公路 Thus-12 极薄磨耗层于2017年12月铺筑,一年左右的营运和跟踪观测发现,路面平整度及抗滑指标比较稳定,没有出现明显的衰减,为车流量较大的高速公路实现快速养护施工提供了借鉴[80]。

7.4　Nova Chip 超薄磨耗层

7.4.1　工程介绍

广东省某高速公路主线全长125.36km,双向6车道建设标准,2011年1月1日建成通车。主线除隧道采用水泥混凝土路面外,其余路段均采用沥青混凝土路面。2014年部分沥青路面陆续出现了10 ~ 12mm车辙;下行 K602 +303 ~ K600 +951 隧道路面抗滑性能下降,横向力系数 SFC 降至32.3;沥青路面 K525 +451 ~ K524 +551、K550 +351 ~ K550 +051、K542 +951 ~ K542 +851 等路段也出现抗滑性能下降,SFC 降至40以下。为提高路面抗滑性能,确保高速公路行车安全以及矫正路面车辙,2015年实施了单幅长约32.76km的 Nova

Chip 超薄耗层,详情见表7-10。

Nova Chip 超薄磨耗层罩面路段　　　　　　　表7-10

序号	桩号	方向	长度(m)	施工前		施工年度	磨耗层厚度(cm)
				RD	SFC		
1	K559+551~K598+551	上行	1000	10.24	—	2015	2.5
2	K596+451~K594+551	上行	1900	10.90	—	2015	2.5
3	K590+751~K587+251	上行	3500	10.80	—	2015	2.5
4	K579+651~K578+451	上行	1200	11.30	—	2015	2.5
5	K577+951~K577+151	上行	800	13.70	—	2015	2.5
6	K576+651~K575+551	上行	1100	10.80	—	2015	2.5
7	K564+151~K563+381	上行	770	11.50	—	2015	2.5
8	K536+751~K535+451	上行	1300	10.10	—	2015	2.5
9	K528+651~K527+851	上行	800	10.10	—	2015	2.5
10	K523+921~K521+851	上行	2070	10.00	—	2015	2.5
11	K519+251~K518+051	上行	1200	10.40	—	2015	2.5
12	K604+751~K603+951	下行	800	11.50	—	2015	2.5
13	K602+303~K600+951	下行	1352	—	32.3	2015	2.5
14	K591+051~K590+251	下行	800	10.50	—	2015	2.5
15	K583+751~K583+151	下行	600	10.00	—	2015	2.0
16	K581+351~K579+951	下行	1400	10.00	—	2015	2.5
17	K579+551~K575+551	下行	4000	11.70	—	2015	2.5
18	K572+151~K570+451	下行	1700	10.80	—	2015	2.0
19	K569+751~K569+051	下行	700	10.90	—	2015	2.5
20	K568+751~K567+951	下行	800	10.00	—	2015	2.0
21	K557+151~K556+451	下行	700	11.30	—	2015	2.5
22	K552+251~K552+051	下行	200	—	39	2015	2.0
23	K550+351~K550+051	下行	300	—	39	2015	2.0
24	K542+951~K542+851	下行	100	—	39	2015	2.5
25	K542+451~K541+851	下行	600	10.60	—	2015	2.5
26	K539+351~K538+851	下行	500	10.00	—	2015	2.0
27	K525+451~K524+551	下行	900	10.35	—	2015	2.5
28	K523+921~K522+951	下行	970	10.00	—	2015	2.5
29	K519+951~K519+251	下行	700	10.00	—	2015	2.0

7.4.2　交通量统计分析

该高速公路为广东省大件运输通道,项目统计了2016—2021年的交通量数据。从历年各类型车组成比例看,一型车为主要车型,目前占总交通量的58.5%以上;二型车占总交通量的4.5%;重车(三、四、五、六型车)目前占比为30%~35%,为重交通荷载等级[81]。该高速公路各年度年日均交通组成统计分析见表7-11。

该高速公路各年度年日均交通组成统计分析(pcu/d)　表7-11

车类年份	数量	一型车	二型车	三型车	四型车	五型车	六型车	合计
2016	车辆	7552	178	553	185	5020	—	13488
	比例(%)	55.99	1.32	4.10	1.37	37.22	—	—
2017	车辆	8549	187	524	168	4808	—	14236
	比例(%)	60.05	1.31	3.68	1.18	33.77	—	—
2018	车辆	9711	196	561	158	4540	—	15166
	比例(%)	64.03	1.29	3.70	1.04	29.94	—	—
2019	车辆	10402	169	516	158	4038	—	15283
	比例(%)	68.06	1.11	3.38	1.03	26.42	—	—
2020	车辆	10257	797	2914	897	224	2437	17526
	比例(%)	58.52	4.55	16.63	5.12	1.28	13.91	—
2021	车辆	11960	1120	3054	920	181	1202	18437
	比例(%)	64.87	6.07	16.56	4.99	0.98	6.52	—

7.4.3　Nova Chip 超薄磨耗层工后检测情况

该高速 Nova Chip 超薄磨耗层粗、细集料均采用辉绿岩,设计厚度为2.5cm,施工最小厚度为2.0cm。采用 Nova Chip Type-C 型级配,其集料的级配范围及混合料配合比设计见表3-9和表3-10,工后各项指标检测合格,具体见表7-12。

Nova Chip 超薄磨耗层工后检测情况　表7-12

序号	检测项目	行车方向	检测点数(个)	检测平均值	标准差(mm)	代表值(mm)	合格点数	检测合格率(%)
1	厚度	上行	9	27.75mm	2.24	24.36	9	100
2	厚度	下行	5	25.55mm	2.06	23.58	5	100
3	平整度	上行	186	1.01mm/m	—		185	99.5
4	平整度	下行	189	1.03mm/m	—		189	100
5	构造深度	上行	9	1.38mm	0.16		9	100
6	构造深度	下行	5	1.23mm	0.18		5	100

序号	检测项目	行车方向	检测点数/个	检测平均值	标准差（mm）	代表值（mm）	合格点数	检测合格率（%）
7	渗水系数	上行	9	1873mL/min	—	—	9	100
8	渗水系数	下行	5	1152mL/min	—	—	5	100

7.4.4 Nova Chip 超薄磨耗层路段表观状况长期跟踪情况

Nova Chip 超薄磨耗层的施工步骤及注意事项如第4章,施工完毕后的效果如下:

(1)K541～K604区间的21个路段长度共计24.32km,罩面后7年间,PCI稳定在95左右,评定为优,表观质量良好,无坑槽、脱落、裂缝。

(2)K517～K541区间的8个路段长度共计8.44km,罩面后第3年,PCI开始下降,路面陆续出现了不同程度的反射裂缝。未进行罩面的相邻路段也同样出现了较多裂缝。裂缝主要为横向裂缝,裂缝间距10～20m,裂缝封闭后3个月内又重新开裂。2019年PCI下降到良、中等级。调查发现,该路基段为红砂岩填筑段,为进一步分析裂缝产生原因,采用雷达探测法对裂缝进行检测。检测结果显示,这些裂缝有 up-down 和 down-up 两种。其中,down-up 裂缝多发于红砂岩路基上路堤,主要是红砂岩崩解后不均匀沉降所致,之后诱使半刚性基层开裂并反射至沥青层;而 up-down 裂缝则是由沥青层无法消解路基不均匀变形而撕裂引发的。所以沥青层表面的裂缝实则是由变形和反射裂缝共同作用而出现的大量裂缝。探测结果表明,裂缝开裂至半刚性基层(44～63cm)的比例为28.8%,开裂至垫层(63～78cm)的比例为6.7%,开裂至土基(>78cm)的比例为55.6%。为此,2020年对主车道的 Nova Chip 罩面进行了铣刨,重铺采用 UTAC;2021年对下行方向 K517～K541路段进行 4cm GAC-13 罩面。

以上情况表明,对于路基稳定性不足易产生不均匀沉降的路段,采用 Nova Chip 超薄耗层罩面进行处治时应审慎论证,科学抉择。其他路段 Nova Chip 超薄磨耗层施工后长期 PCI 检测结果见表7-13。

Nova Chip 超薄磨耗层施工后长期 PCI 检测结果 表7-13

序号	桩号	PCI 值					
		2016 年	2017 年	2018 年	2019 年	2020 年	2021 年
1	K559＋551～K598＋551	100.0	97.9	96.8	95.54	96.99	95.25
2	K596＋451～K594＋551	100.0	100.0	98.6	97.40	98.86	96.86
3	K590＋751～K587＋251	100.0	100.0	98.1	98.19	91.29	94.35
4	K579＋651～K578＋451	100.0	100.0	98.8	100.00	100.00	97.59
5	K577＋951～K577＋151	98.0	98.1	98.2	98.40	97.13	96.34
6	K576＋651～K575＋551	97.5	98.6	100.0	96.59	97.78	97.06

序号	桩号	PCI 值					
		2016 年	2017 年	2018 年	2019 年	2020 年	2021 年
7	K564 +151 ~ K563 +381	100	95.0	97.6	98.16	100.00	94.37
8	K536 +751 ~ K535 +451	98.8	95.9	90.9	80.04	—	—
9	K528 +651 ~ K527 +851	95.2	93.4	92.2	88.86	—	—
10	K523 +921 ~ K521 +851	99.5	96.3	91.4	87.25	—	—
11	K519 +251 ~ K518 +051	93.3	93.1	93.2	78.16	—	—
12	K604 +751 ~ K603 +951	95.6	98.5	98.3	94.45	94.17	95.78
13	K602 +303 ~ K600 +951	93.4	93.3	95.3	91.48	93.17	96.48
14	K591 +051 ~ K590 +251	98.5	100.0	96.3	98.07	97.68	97.60
15	K583 +751 ~ K583 +151	100.0	100.0	100.0	100.00	99.25	100.00
16	K581 +351 ~ K579 +951	98.6	100.0	100.0	100.00	100.00	98.32
17	K579 +551 ~ K575 +551	100.0	98.9	100.0	96.87	98.80	98.28
18	K572 +151 ~ K570 +451	100.0	100.0	100.0	100.00	100.00	100.00
19	K569 +751 ~ K569 +051	100.0	100.0	100.0	100.00	98.52	100.00
20	K568 +751 ~ K567 +951	100.0	98.8	100.0	100.00	95.19	98.88
21	K557 +151 ~ K556 +451	95.8	92.6	95.9	92.16	94.03	95.26
22	K552 +251 ~ K552 +051	96.7	98.3	97.9	92.27	94.82	94.07
23	K550 +351 ~ K550 +051	100.0	100	96.4	94.14	96.80	93.53
24	K542 +951 ~ K542 +851	100.0	100	93.7	97.92	94.72	97.00
25	K542 +451 ~ K541 +851	98.0	95.2	90.3	97.92	94.72	97.00
26	K539 +351 ~ K538 +851	99.5	98.4	90.6	90.03	—	—
27	K525 +451 ~ K524 +551	95.2	92.9	92.2	91.94	—	—
28	K523 +921 ~ K522 +951	96.3	93.35	90.7	88.02	—	—
29	K519 +951 ~ K519 +251	93.5	92.1	95.3	93.12		

7.4.5 路面车辙状况长期跟踪情况

沥青路面罩面前车辙深度在 10 ~ 12mm 的路段,Nova Chip 罩面后车辙深度有明显改善。罩面后 7 年间,车辙深度基本在 3 ~ 7mm 范围内,路面车辙状况均评定为优,说明 Nova Chip 超薄磨耗层抗车辙性能良好,具有良好的抗车轮磨耗及高温稳定性,检测结果见表7-14。

Nova Chip 超薄磨耗层施工后长期车辙深度检测结果 表 7-14

序号	桩号	RD 值					
		2016 年	2017 年	2018 年	2019 年	2020 年	2021 年
1	K559 + 551 ~ K598 + 551	4.42	4.02	3.90	3.00	3.30	4.20
2	K596 + 451 ~ K594 + 551	3.82	4.51	3.50	2.90	2.20	2.50
3	K590 + 751 ~ K587 + 251	5.04	4.88	3.70	2.80	3.50	3.80
4	K579 + 651 ~ K578 + 451	5.07	4.49	4.10	4.70	5.30	5.70
5	K577 + 951 ~ K577 + 151	6.19	6.95	5.80	5.40	3.40	5.10
6	K576 + 651 ~ K575 + 551	5.21	4.55	4.40	4.80	3.80	3.80
7	K564 + 151 ~ K563 + 381	7.49	7.99	7.30	6.70	5.40	6.40
8	K536 + 751 ~ K535 + 451	6.16	7.23	5.80	5.30	—	—
9	K528 + 651 ~ K527 + 851	6.56	7.27	5.50	7.40	—	—
10	K523 + 921 ~ K521 + 851	4.86	4.95	3.80	3.70	—	—
11	K519 + 251 ~ K518 + 051	7.40	8.11	6.10	6.60		
12	K604 + 751 ~ K603 + 951	4.99	4.69	4.60	5.20	2.60	4.60
13	K602 + 303 ~ K600 + 951	4.22	5.54	4.80	4.00	3.00	2.80
14	K591 + 051 ~ K590 + 251	4.63	4.82	4.90	5.10	2.90	3.40
15	K583 + 751 ~ K583 + 151	3.84	4.60	5.30	4.80	4.10	3.70
16	K581 + 351 ~ K579 + 951	4.16	4.56	3.40	4.90	3.30	3.70
17	K579 + 551 ~ K575 + 551	3.62	4.50	3.00	2.60	3.60	3.60
18	K572 + 151 ~ K570 + 451	5.00	4.60	2.70	3.30	2.90	2.90
19	K569 + 751 ~ K569 + 051	4.89	5.49	5.80	4.30	3.60	4.40
20	K568 + 751 ~ K567 + 951	4.28	4.38	6.10	5.20	5.90	6.40
21	K557 + 151 ~ K556 + 451	6.56	5.22	7.00	5.40	6.90	7.10
22	K552 + 251 ~ K552 + 051	6.50	7.65	6.60	6.00	5.10	6.10
23	K550 + 351 ~ K550 + 051	6.98	7.80	6.20	7.20	4.70	6.40
24	K542 + 951 ~ K542 + 851	6.74	6.21	5.20	6.60	4.90	5.60
25	K542 + 451 ~ K541 + 851	5.57	4.70	7.50	4.30	4.30	4.60
26	K539 + 351 ~ K538 + 851	4.50	5.17	5.60	6.60	—	—
27	K525 + 451 ~ K524 + 551	5.10	5.66	3.90	6.10	—	—
28	K523 + 921 ~ K522 + 951	4.69	6.51	7.10	5.60	—	—
29	K519 + 951 ~ K519 + 251	5.33	5.60	7.90	6.50	—	—

7.4.6 路面抗滑性能的长期跟踪情况

（1）下行 K602 + 303 ~ K600 + 951 为隧道水泥混凝土路面,在通车营运后 2014 年横向力系数 SFC 衰减到 32.3,抗滑性能评定为次等级,Nova Chip 超薄磨耗层罩面后横向力系数 SFC 提升到 50,罩面后 7 年间横向力系数 SFC 保持在 49.1~50.0 范围内,抗滑性能稳定,抗滑性能评定为优等级。

(2)下行 K552+251~K552+051、K550+351~K550+051、K542+951~K542+851 段沥青路面,在通车营运后 2014 年横向力系数 SFC 衰减到 39,抗滑性能评定为中等级。2016 年采用 Nova Chip 超薄耗层罩面后,横向力系数 SFC 提升到 40 及以上,罩面后 7 年间横向力系数 SFC 保持在 43 左右,抗滑性能稳定,抗滑性能评定为良。

(3)其余路段 Nova Chip 超薄磨耗层罩面后 7 年间,横向力系数 SFC 保持在 42.7~56.3 范围内,抗滑性能均为优良。检测结果见表 7-15。

Nova Chip 超薄磨耗层施工后长期 SFC 检测结果 表 7-15

序号	桩号	SFC 值					
		2016 年	2017 年	2018 年	2019 年	2020 年	2021 年
1	K559+551~K598+551	47.57	46.60	48.4	49.5	47.4	48.7
2	K596+451~K594+551	46.50	46.10	47.5	51.6	45.0	45.9
3	K590+751~K587+251	50.60	50.43	44.5	50.9	43.1	43.9
4	K579+651~K578+451	41.25	42.50	45.4	48.6	44.2	45.3
5	K577+951~K577+151	40.30	40.30	44.7	50.9	41.7	42.9
6	K576+651~K575+551	39.70	39.70	49.2	46.9	44.7	45.4
7	K564+151~K563+381	39.00	39.00	45.1	48.7	42.6	42.9
8	K536+751~K535+451	45.60	45.60	40.8	51.1	—	—
9	K528+651~K527+851	47.14	47.14	43.2	49.7	—	—
10	K523+921~K521+851	46.80	46.40	45.9	48.9	—	—
11	K519+251~K518+051	46.00	46.00	45.3	49.3	—	—
12	K604+751~K603+951	47.10	47.10	42.3	54.6	52.4	46.9
13	K602+303~K600+951	50.00	50.00	48.7	49.1	49.3	49.5
14	K591+051~K590+251	47.90	47.90	44.7	53.9	45.5	44.4
15	K583+751~K583+151	50.30	50.30	49.3	55.5	45.2	45.6
16	K581+351~K579+951	47.80	47.80	44.1	50.3	42.6	42.7
17	K579+551~K575+551	47.13	46.60	44.0	51.7	45.2	44.5
18	K572+151~K570+451	44.90	43.90	41.2	54.8	43.6	43.6
19	K569+751~K569+051	45.10	45.10	42.9	48.0	43.3	44.0
20	K568+751~K567+951	41.40	41.40	46.6	50.1	45.8	47.1
21	K557+151~K556+451	36.60	36.60	44.9	49.6	45.5	45.6
22	K552+251~K552+051	40.60	40.10	41.9	48.5	43.8	42.5

序号	桩号	SFC 值					
		2016 年	2017 年	2018 年	2019 年	2020 年	2021 年
23	K550 + 351 ~ K550 + 051	41.30	41.50	42.2	50.9	43.5	43
24	K542 + 951 ~ K542 + 851	41.40	43.10	40.8	47.3	44.2	43
25	K542 + 451 ~ K541 + 851	43.10	43.10	39.0	47.9	49.4	47.4
26	K539 + 351 ~ K538 + 851	47.13	45.90	50.2	51.1	—	—
27	K525 + 451 ~ K524 + 551	48.20	48.20	43.4	50.4	—	—
28	K523 + 921 ~ K522 + 951	51.50	51.50	48.0	48.4	—	—
29	K519 + 951 ~ K519 + 251	47.60	47.60	41.9	52.1	—	—

7.4.7 RQI 的长期跟踪情况

Nova Chip 超薄磨耗层罩面后 7 年间,路面的行驶质量检测结果保持稳定,一直保持在 95 左右,均评定为优,说明 Nova Chip 超薄磨耗层路面行驶质量指数 RQI 良好。各路段长期路面行驶质量检测结果见表 7-16。

Nova Chip 超薄磨耗层施工后长期 RQI 检测结果　　表 7-16

序号	桩号	SFC 值					
		2016 年	2017 年	2018 年	2019 年	2020 年	2021 年
1	K559 + 551 ~ K598 + 551	95.1	95.3	94.6	94.48	94.84	94.9
2	K596 + 451 ~ K594 + 551	95.3	95.5	95.3	95.47	95.62	95.5
3	K590 + 751 ~ K587 + 251	95.1	95.2	95	95.32	95.46	95.1
4	K579 + 651 ~ K578 + 451	95.1	95.4	95.2	93.98	94.91	95.2
5	K577 + 951 ~ K577 + 151	95.3	95.5	95.2	95.23	95.29	95.4
6	K576 + 651 ~ K575 + 551	95.2	95.4	95.3	95.37	95.49	94.7
7	K564 + 151 ~ K563 + 381	94.4	94.1	94.2	94.11	94.81	94.0
8	K536 + 751 ~ K535 + 451	95.2	95.4	95	95.25	—	—
9	K528 + 651 ~ K527 + 851	94.5	93.4	93.9	94.72	—	—
10	K523 + 921 ~ K521 + 851	95.7	95.6	95.3	95.39	—	—
11	K519 + 251 ~ K518 + 051	95.2	95.2	94.9	95.05	—	—
12	K604 + 751 ~ K603 + 951	94.0	94.4	92.5	94.31	93.76	93.70
13	K602 + 303 ~ K600 + 951	94.4	93.3	93.9	94.27	94.54	94.68
14	K591 + 051 ~ K590 + 251	95.4	95.5	94.7	95.29	95.26	95.38
15	K583 + 751 ~ K583 + 151	95.5	95.6	95.7	95.26	95.28	95.34
16	K581 + 351 ~ K579 + 951	95.3	95.3	95.4	95.17	95.25	95.31

续上表

序号	桩号	SFC 值					
		2016 年	2017 年	2018 年	2019 年	2020 年	2021 年
17	K579 + 551 ~ K575 + 551	94.2	94.4	95	95.71	95.13	95.75
18	K572 + 151 ~ K570 + 451	96.0	95.7	95.5	95.66	95.79	95.70
19	K569 + 751 ~ K569 + 051	95.5	95.6	95.0	95.83	95.42	95.37
20	K568 + 751 ~ K567 + 951	95.9	95.8	95.3	95.43	94.60	95.61
21	K557 + 151 ~ K556 + 451	94.7	94.7	94.8	94.65	95.10	94.97
22	K552 + 251 ~ K552 + 051	94.6	94.5	94.0	94.36	94.18	94.38
23	K550 + 351 ~ K550 + 051	95.2	95.2	92.4	94.70	94.80	95.08
24	K542 + 951 ~ K542 + 851	94.7	93.7	94.5	94.62	93.53	93.28
25	K542 + 451 ~ K541 + 851	93.9	94.0	94.8	94.62	93.53	93.28
26	K539 + 351 ~ K538 + 851	95.7	94.7	94.6	93.92	—	—
27	K525 + 451 ~ K524 + 551	95.2	95.5	94.80	94.80	—	—
28	K523 + 921 ~ K522 + 951	96.0	96.2	94.7	93.76	—	—
29	K519 + 951 ~ K519 + 251	95.4	95.6	94.9	94.93	—	—

7.4.8　施工结论

（1）Nova Chip 超薄磨耗层可改善路面车辙性能，路面车辙深度指数 RDI 在 5 ~ 7 年内保持在优良等级[82]。

（2）Nova Chip 超薄磨耗层可较大幅度提升水泥混凝土路面的抗滑性能，且路面抗滑性能指数 SRI 长期稳定在优等级[83]。

（3）Nova Chip 超薄磨耗层路面损坏状况指数 PCI 长期稳定在优等级，未发现脱落、松散等病害，耐久性良好。

（4）Nova Chip 超薄磨耗层具有减少雨天水雾及水膜等优点，可提升行车安全性。

7.5　ARC 抗裂薄层罩面

7.5.1　工程介绍

武汉某项目采用"白改黑"复合式路面结构：2009 年在旧水泥路面上加铺了 10cm 厚的沥青路面，下面层采用 6cm 厚 AC-20 沥青混凝土，上面层采用 4cm 厚 AC-16 沥青混凝土。随着通车年限的延长，加铺的沥青混凝土层无法抵抗下承层产生反射裂缝，沥青路面出现非常明显的横向裂缝和纵向裂缝，严重影响路面的美观性和行车的安全性、舒适性。

针对路面现状,本工程采用分步摊铺工艺,在原路面加铺了 1.5cm 厚的 ARC 超韧磨耗层,超韧磨耗层与原路面之间的黏结剂具有优异的黏结性、渗透性及不黏轮性[49]。加铺 ARC 后的路面如图 7-1 所示。

图 7-1　加铺 ARC 后的路面

7.5.2　原料选定

为保证 ARC 超韧磨耗层优异的韧性,混合料所用的沥青胶结料需满足表 2-16 中高韧高弹型复合改性沥青施工中的主要技术指标,本项目所用的自制 PG82 型改性沥青的技术性能指标见表 7-17。

PG82 型高韧高弹复合改性沥青性能指标　　　　　表 7-17

技术指标	实测	具体要求	试验方法
针入度(25℃,100g,5s)(0.1mm)	68	40~70	沥青针入度试验 JTG E20—2011 T 0604
软化点 TR&B(℃)	85	≥85	沥青软化点试验 JTG E20—2011 T 0606
延度(5℃,5cm/min)(cm)	56	≥40	沥青延度试验 JTG E20—2011 T 0605
运动黏度(150℃)(Pa·s)	2.6	≤3	沥青旋转黏度试验 JTG E20—2011 T 0625
运动黏度(135℃)(Pa·s)	4.1	≤5	沥青旋转黏度试验 JTG E20—2011 T 0625
动力黏度(60℃)(Pa·s)	286000	≥200000	沥青动力黏度试验 JTG E20—2011 T 0620

续上表

技术指标	实测	具体要求	试验方法
闪点(℃)	252	≥230	沥青闪点与燃点试验 JTG E20—2011 T 0611
黏韧性(25℃)(N·m)	27	≥20	沥青黏韧性试验 JTG E20—2011 T 0624
韧性(25℃)(N·m)	19	≥10	沥青黏韧性试验 JTG E20—2011 T 0624
弹性恢复(25℃,5min)(%)	98	≥95	沥青弹性恢复试验 JTG E20—2011 T 0662
溶解度(三氯乙烯)(%)	100	≥99	沥青溶解度试验 JTG E20—2011 T 0607
离析,48h 软化点差(℃)	1.5	≤2.5	聚合物改性沥青离析试验 JTG E20—2011 T 0661
质量变化(%)	±0.4	±1.0	沥青旋转薄膜加热试验 JTG E20—2011 T 0610
针入度比(25℃)(%)	79	≥70	沥青针入度试验 JTG E20—2011 T 0604
延度(5℃,5cm/min)(cm)	42	≥30	沥青延度试验 JTG E20—2011 T 0605
$G^*/\sin\delta \geq 2.2$kPa 临界温度(℃)	85	≥82	沥青流变性质试验 JTG E20—2011 T 0628

　　试验表明,所采用沥青软化点高达85℃,25℃下5min内弹性回复率高达95%,可以保证高韧磨耗层的高弹性和高韧性。对于本项目采用的黏层油,本项目中ARC超韧磨耗层采用分步摊铺工艺,在施工过程中需喷洒黏结层,所采用的黏层油需满足表2-19中高渗高黏不黏轮黏层油技术指标。本项目的高渗高黏黏层油相应技术性能指标见表7-18。

本项目的高渗高黏黏层油相应技术指标　　　　　　　　　　表7-18

技术指标	实测	技术要求	试验方法
外观	黑色液体	黑色液体	目测
固含量(%)	56	≥45	乳化沥青蒸发残留物含量试验 JTG E20—2011 T 0651

续上表

技术指标	实测	技术要求	试验方法
黏度(Pa·s)	0.04	≤0.05	沥青旋转黏度试验 JTG E20—2011 T 0625
低温柔度 (-20℃)	无	无裂纹、断裂	建筑防水涂料试验方法 GB/T 16777—2008
拉伸强度(MPa)	1.7	≥1.0	建筑防水涂料试验方法 GB/T 16777—2008
断裂伸长率(%)	245	≥200	建筑防水涂料试验方法 GB/T 16777—2008
不透水性(0.3MPa)	不渗水	30min 不渗水	建筑防水涂料试验方法 GB/T 16777—2008
黏结强度(25℃)(MPa)	0.8	≥0.6	道桥用防水涂料 JC/T 975—2005
黏结强度(50℃)(MPa)	0.5	≥0.4	道桥用防水涂料 JC/T 975—2005
拉伸强度保持率(%)	95	≥80	建筑防水涂料试验方法 GB/T 16777—2008
断裂伸长率(%)	190	≥150	建筑防水涂料试验方法 GB/T 16777—2008
低温柔度 (-15℃)	无	无裂纹、断裂	建筑防水涂料试验方法 GB/T 16777—2008

粗集料需要具有较为优异的耐磨性、黏附性,满足表2-22及表2-23中高速公路及一级公路表面层各项要求。本项目采用优质反击破加工成型集料,所用辉绿岩粗集料性能指标见表7-19。

粗集料技术性能指标 表7-19

试验项目	技术要求	实测	试验方法
石料压碎值(%)	≤26	10	粗集料压碎值试验 JTG 3432—2024 T 0316
洛杉矶磨耗值(%)	≤28	8	粗集料磨耗值试验 JTG 3432—2024 T 0317

续上表

试验项目	技术要求	实测	试验方法
表观相对密度	≥2.60	2.80	粗集料密度及吸水率试验 JTG 3432—2024 T 0304
吸水率(%)	≤2.0	0.6	
黏附性(级)	≥4	5	沥青与粗集料的黏附性试验 JTG E20—2011 T 0616
坚固性(%)	≤12	5	粗集料坚固性试验 JTG 3432—2024 T 0314
针片状颗粒含量(%)	≤12	5	粗集料针片状颗粒含量试验 JTG 3432—2024 T 0312
水洗法<0.075mm颗粒含量(%)	≤1	0.6	粗集料含泥量及泥块含量试验 JTG 3432—2024 T 0310
软石含量(%)	≤3	0.7	粗集料软弱颗粒含量试验 JTG 3432—2024 T 0320
粗集料的磨光值PSV	≥42	46	粗集料磨光值试验 JTG 3432—2024 T 0321

　　细集料必须完全破碎加工而成,要求洁净、无杂质,粒径为0~3mm,岩性与粗集料一致。本项目所涉及细集料采用反击破加工生成的辉绿岩石屑,相关技术指标应满足表2-24中高速公路及一级公路表面层的质量技术要求,所用细集料性能指标见表7-20。

细集料技术性能指标　　　　　　　　表7-20

试验项目	技术要求	实测	试验方法
表观相对密度	≥2.50	2.80	细集料表观密度试验 JTG 3432—2024 T 0328
坚固性(>0.3mm部分)(%)	≤12	5	细集料坚固性试验 JTG 3432—2024 T 0340
砂当量(%)	≥65	71	细集料砂当量试验 JTG 3432—2024 T 0334

　　填料不能是拌和机回收粉料,所用填料应洁净、干燥,无杂质,且应为碱性石灰岩经研磨所得到的矿粉,其主要技术性能指标应满足表2-25中高速公路及一级公路的技术要求,本项目填料的技术指标见表7-21。

填料技术性能指标   表 7-21

项目	技术要求	实测	试验方法
表观密度,不小于(t/m³)	2.50	2.90	填料密度试验 JTG 3432—2024 T 0352
含水率,不大于(%)	1	0.7	烘干法 JTG 3430—2020 T 0103
粒度范围 <0.6mm(%)	100	100	填料筛分试验 JTG 3432—2024 T 0351
<0.15mm(%)	90~100	95	
<0.075mm(%)	75~100	85	
外观	无团粒结块	无团粒结块	目测
亲水系数(%)	<1	0.6	填料亲水系数试验 JTG 3432—2024 T 0353

ARC 热拌沥青混合料级配设计范围见表 7-22。

ARC 热拌沥青混合料级配设计范围   表 7-22

级配类型	通过下列方筛孔(mm)的集料的质量分数(%)							
	9.500	4.750	2.360	1.180	0.600	0.300	0.150	0.075
上限	100	60	30	21	16	12	10	8
下限	100	40	20	13	10	8	6	4

经检验,该设计方案符合《公路沥青路面施工技术规范》《JTG F40—2004》附录 C 中混合料配合比设计要求,混合料的技术性能指标见表 7-23。

ARC 超韧磨耗层混合料技术性能指标   表 7-23

试验项目	技术要求	实测	试验方法
沥青用量(油石比)	≥7.0	7.2	沥青混合料中沥青含量试验 JTG E20—2011 T 0735
空隙率(%)	6~12	10.4	压实沥青混合料密度试验 JTG E20—2011 T 0705
粗集料集料间隙率	≤VCADRC	≤VCADRC	压实沥青混合料密度试验 JTG E20—2011 T 0705
60℃车辙动稳定度(次/mm)	≥5000	6700	沥青混合料车辙试验 JTG E20—2011 T 0719
肯塔堡飞散试验损失(%)	≤8	5	沥青混合料肯塔堡飞散试验 JTG E20—2011 T 0733
谢伦堡析漏试验结合料损失(%)	≤0.3	0.17	沥青混合料谢伦堡沥青析漏试验 JTG E20—2011 T 0732

试验项目	技术要求	实测	试验方法
浸水马歇尔试验残留强度比（%）	≥85	95	沥青混合料马歇尔稳定度试验 JTG E20—2011 T 0709
冻融劈裂试验残留强度比（%）	≥80	90	沥青混合料冻融劈裂试验 JTG E20—2011 T 0729
低温弯曲试验破坏应变 （-10℃,50mm/min）（10^{-6}）	≥6000	7200	沥青混合料弯曲试验 JTG E20—2011 T 0715

7.5.3 ARC超韧磨耗层的施工

本工程实施工艺采用分步摊铺工艺，即先进行高性能黏结剂的洒布，再进行热混合料的摊铺。也就是说，在施工过程中，需要预先在原路面上洒布一层高渗高黏的高性能黏结剂，用于对原路面进行密封防水处理，确保防止路表水向下渗透。除此之外，该高性能黏结剂能够提高ARC超韧磨耗层与原路面之间的结合强度。本工程中加铺的ARC超韧磨耗层平均厚度为1.5cm，结构铺装示意图如图7-2所示。

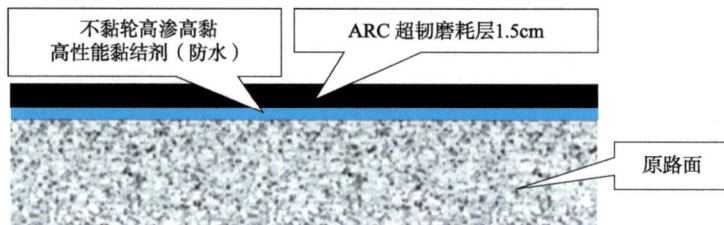

图7-2　工程路段结构铺装示意图

施工完成并开放交通1个月后，对加铺的超韧磨耗层进行了工程质量验收，超韧磨耗层工程质量验收参数见表7-24。由表7-24可知，加铺的超韧磨耗层路面表面密实，无松散、无花白料、无轮迹、无刮痕，且边线、横纵向对接平顺，厚度、平整度均符合表4-6中的质量验收标准，其实测值见表7-24。

ARC超韧磨耗层工程质量验收参数 表7-24

项目	质量要求或允许偏差	检验频率	实测/1个月	实测/12个月
外观	表面平整、密实、均匀，无松散、无轮迹	全线连续	符合要求	符合要求
横、纵向接缝	对接平顺	每条	平顺	
边线	平顺	全线连续	平顺	
横坡	±0.3%	10个断面/km	0.15%	
平均厚度	≥设计值的-10%	3个点/km	符合要求	
标准差	1.2mm	全线连续	0.8mm	

项目	质量要求或允许偏差	检验频率	实测/1个月	实测/12个月
IRI	2.0m/km	全线连续	1.6m/km	
最大间隙	≤3mm	3个点/km	1.6mm	
横向力系数	≥54	全线连续	64	61
摆值	≥55	3个点/km	68	65
构造深度	≥0.6mm	3个点/km	1.2mm	1.0mm

在工程通车后1年内对所加铺超韧磨耗层的横向力系数、摩擦系数摆值和构造深度进行跟踪观测发现,在通车1个月后均值分别为64、68和1.2mm,通车12个月后均值分别为61、65和1.0mm,说明超韧磨耗层的横向力系数、摩擦系数摆值和构造深度在1年内均满足工程质量验收标准,随着时间的延长略有衰减,但是仍然保持良好的性能指标。通车后1年内加铺超韧磨耗层外观仍符合验收要求,无明显裂缝。

7.5.4　施工结论

本项目利用自制的PG82型高韧高弹复合改性沥青配制了ARC超韧磨耗层沥青混合料,并将其应用于武汉市某项目的沥青路面超薄层铺装,工程所用热拌混合料严格按照《公路沥青路面施工技术规范》(JTG F40—2004)配制,具有优异的力学性能和耐高低温性能。黏结层采用高渗高黏的高性能黏结剂,施工采用先洒油后摊铺工艺。加铺ARC超韧磨耗层后,路面的各项路表性能指标均得到提升,且具有优异的防滑性能,通车1年内无明显裂缝,表明超韧磨耗层具有十分优异的路面防滑及防反射裂纹性能,是一种应用性能优良的磨耗层。

7.6　DCT 超黏极薄罩面

7.6.1　工程介绍

呼北高速灵卢段起点位于梨园枢纽互通,起点桩号K877+000。路线终点位于卢氏县城西南卢氏互通立交,接同期规划的卢氏至西坪高速公路,终点桩号K957+881,路线全长80.881km,于2012年底建成通车。灵卢段采用双向4车道高速公路标准进行设计,设计速度80km/h,路基宽度24.5m,路面结构见表7-25。

呼北高速灵卢段路面结构　　　　　　　表7-25

结构层	填方、土质挖方段	石质挖方段	相邻结构物之间
上面层	4cm AC-13C沥青混凝土	4cm AC-13C沥青混凝土	4cm AC-13C沥青混凝土
中面层	6cm AC-20C沥青混凝土	6cm AC-20C沥青混凝土	6cm AC-20C沥青混凝土
下面层	8cm AC-25C沥青混凝土	8cm AC-25C沥青混凝土	

结构层	填方、土质挖方段	石质挖方段	相邻结构物之间
基层	36cm 水泥稳定碎石	28cm 水泥稳定碎石	24cm C35 水泥混凝土
底基层	18cm 水泥稳定砂砾	15cm 水泥稳定碎石	20cm C20 水泥混凝土

其中,项目段 4 座桥面铺装层存在坑槽修补、车辙推移、唧浆等严重病害,主要是由于在车辆荷载的频繁作用下,桥面铺装出现裂缝,雨水渗入桥面铺装层内部,导致桥面铺装层松散进而开裂,并最终致使桥面防水黏结层失效形成浮浆,出现大面积的坑槽病害,如图 7-3 所示。

图 7-3　桥面铺装层病害

针对病害轻微的桥面,考虑到处治路段的连续性,且为避免对下承层造成扰动损坏,选取下行 3 座桥面采用 DCT 超黏极薄罩层的处治方案,处治范围为桥面全宽。

7.6.2　原料选定

本项目采用成品高黏改性沥青作为 DCT 超黏极薄罩面的胶结料,混合料所用的沥青胶结料需满足表 2-9 中高黏改性沥青的相关技术要求,具体试验结果见表 7-26。

高黏度沥青技术指标　　　　表 7-26

检验项目	技术要求	实验结果	试验方法
针入度(25℃,100g,5s)(0.1mm)	≥40	48	沥青针入度试验 JTG E20—2011 T 0604
延度(5cm/min,5℃)(cm)	≥30	33	沥青延度试验 JTG E20—2011 T 0605
软化点(环球法)(℃)	≥85	88.5	沥青软化点试验 JTG E20—2011 T 0606
密度(g/cm³)	—	1.028	沥青密度与相对密度试验 JTG E20—2011 T 0603

续上表

检验项目		技术要求	实验结果	试验方法
135℃布式旋转黏度(Pa·s)		≤3.5	3.0	沥青旋转黏度试验 JTG E20—2011 T 0625
闪点(℃)		≥260	278	沥青闪点与燃点试验 JTG E20—2011 T 0611
60℃动力黏度(Pa·s)		≥80000	126000	沥青动力黏度试验 JTG E20—2011 T 0620
弹性恢复(25℃)(%)		≥85	92	沥青弹性恢复试验 JTG E20—2011 T 0662
储存稳定性离析(48h软化点差值)		≤3.0	2.0	聚合物改性沥青离析试验 JTG E20—2011 T 0661
旋转薄膜加热试验 RTFOT	质量损失(%)	≤1.0	0.2	沥青旋转薄膜加热试验 JTG E20—2011 T 0610
	针入度比(25℃)(%)	≥75	78	沥青针入度试验 JTG E20—2011 T 0604
	延度(5℃)(cm)	≥20	24	沥青延度试验 JTG E20—2011 T 0605

粗集料类型为玄武岩,分为 5 ~ 10mm、3 ~ 5mm 两种规格,为保证集料能充分发挥嵌挤作用,石料形状应破碎完整、接近正方体,性能指标还需满足现场路面铺筑使用要求,具体见表 7-27。

粗集料性能指标　　　　　　　　　　　　　　　　表 7-27

检测项目	技术要求	试验结果		试验方法
		5 ~ 10mm	3 ~ 5mm	
表观相对密度	≥2.6	2.793	2.793	粗集料密度及吸水率试验 JTG 3432—2024 T 0304
毛体积相对密度	—	2.753	2.739	
吸水率(%)	≤3.0	0.5	0.7	
洛杉矶磨耗损失(%)	≤28	17.7	18.5	粗集料磨耗值试验 JTG 3432—2024 T 0317
石料压碎值(%)	≤20	14	—	粗集料压碎值试验 JTG 3432—2024 T 0316
坚固性(%)	≤12	7	7	粗集料坚固性试验 JTG 3432—2024 T 0314
针片状颗粒含量(%)	≤10	8	—	粗集料针片状颗粒含量试验 JTG 3432—2024 T 0312

细集料应采用坚硬、洁净、干燥,无风化、无杂质并有适当级配的石灰岩机制砂,严禁采用山场碎石的下脚料。机制砂应采用专用的制砂机制造,只有 0~3mm 一种规格,性能指标试验结果见表 7-28。

细集料性能指标 表 7-28

检测项目	技术要求	试验结果	试验方法
表观相对密度	≥2.6	2.717	细集料表观密度试验 JTG 3432—2024 T 0328
毛体积相对密度	—	2.626	
坚固性(>0.3mm 部分)(%)	≤12	9	细集料坚固性试验 JTG 3432—2024 T 0340
含泥量(<0.075mm 含量)(%)	≤3	2.3	细集料含泥量试验 JTG 3432—2024 T 0333
砂当量(%)	≥65	70	细集料砂当量试验 JTG 3432—2024 T 0334
亚甲蓝值(g/kg)	≤2.5	1.3	细集料亚甲蓝试验 JTG 3432—2024 T 0349
棱角性(流动时间)(s)	≥30	36	细集料棱角性试验 JTG 3432—2024 T 0345

混合料采用的填料必须由强基性岩石等憎水性石料经磨细得到。为保证沥青面层的质量,填料应洁净、干燥,流动性好,且泥土杂质含量低,其技术要求及指标见表 7-29。

填料技术要求及指标 表 7-29

检测项目		技术要求	实验结果	试验方法
表观密度(g/cm³)		≥2.6	2.684	填料密度试验 JTG 3432—2024 T 0352
外观		无团粒结块	无团粒结块	目测
亲水系数		<1	0.60	填料亲水系数试验 JTG 3432—2024 T 0353
塑性指数(%)		<4	3.7	填料塑性指数试验 JTG 3432—2024 T 0354
加热稳定性		实测记录	无明显颜色变化	填料加热安定性试验 JTG 3432—2024 T 0355
粒度范围	<0.6mm(%)	100	100	填料筛分试验 JTG 3432—2024 T 0351
	<0.15mm(%)	90~100	99.8	
	<0.075mm(%)	70~100	94.9	

7.6.3 配合比设计及验证

DCT超黏极薄罩面的配合比设计参考3.1.5节的流程,但考虑到高速公路桥面地处三门峡境内,夏季常突发降雨且车流量较大,为验证DCT超黏极薄罩面沥青混合料的抗水损害能力,按照设计要求进行冻融劈裂试验和飞散试验,检测结果见表7-30和表7-31。

冻融劈裂试验结果 表7-30

混合料类型	试验结果	劈裂强度	TSR(%)	指标要求(%)
DCT超黏极薄	未经冻融循环试件	0.69	87	≥80
	经冻融循环试件	0.60		

飞散试验结果 表7-31

混合料类型	飞散前质量(g)	飞散后质量(g)	飞散损失(%)	指标要求(%)
DCT超黏极薄	1159.2	1110.9	4	≤10
	1150.7	1097.9		
	1150.2	1106.4		
	1144.8	1101.6		

通过沥青析漏试验可检验沥青最大用量,试验结果见表7-32。

沥青析漏试验结果 表7-32

沥青油石比	指标	试验结果(%)	要求(%)
5.4%	沥青析漏损失	0.13	≤0.3

试验结果表明,沥青混合料的析漏试验指标符合极薄罩面层的技术指标要求,设计沥青油石比5.4%是合理的。根据以上试验数据,得出DCT超黏极薄罩面沥青混合料配合比设计结果,见表7-33和表7-34。

混合料目标配合比设计结果 表7-33

混合料类型	各种矿料所占比例(%)				沥青油石比
	5~10mm	3~5mm	0~3mm	填料	
DCT超黏极薄	67.0	7.0	24.50	1.5	5.4

最佳油石比及体积指标 表7-34

混合料类型	油石比(%)	体积相对密度	空隙率(%)	矿料间隙率(%)	饱和度(%)	计算最大理论密度
DCT超黏极薄	5.4	2.208	13.0	23	43.2	2.539

混合料级配调试和相关验证试验表明,所设计的 DCT 超黏极薄罩面改性沥青混合料满足设计要求,可用于桥面铺装的养护施工。

7.6.4　施工

(1)原路面处治。

DCT 超黏极薄罩面的厚度仅为 1.5～2.0cm,其作用为形成抗滑和抗磨耗的表面功能层,所以在罩面施工前,需对原路面的结构性病害进行彻底处治[3]。当车辙深度小于 8mm 时,可直接进行 DCT 超黏极薄罩面层施工;对于大于 8mm 的车辙,首先进行铣刨,完毕后再铺筑极薄罩面层。对于沥青路面常见的裂缝病害,当宽度大于 6mm 时,应进行灌封处治;而裂缝宽度小于 6mm 可不作处治,直接铺筑罩层。与此类似的松散病害,只有中度及重度的路面需要进行热补或冷补处治,轻度松散可不作处理。若沥青质量有问题、沥青含量过高或夏季温度过高,可能导致路面出现泛油现象,此时只需对中度及重度泛油的沥青路面采用铣刨后再加铺罩面的方式处理。

(2)混合料拌和。

与正常改性沥青混合料拌和要求基本相同,DCT 超黏极薄罩面宜选用间歇式拌和设备。本项目采用 DG4000 型沥青混合料拌和站,生产能力可达 300t/h,由计算机自动控制生产全过程,要求配料精度控制在 ±0.1% 范围内。控制沥青混合料出料温度在 170～195℃ 范围内,否则必须废弃处理。现场技术人员应对每车拌和出厂的混合料进行检测,当出现严重的粗细集料离析、花白料及结团成块现象时,应按照废料予以处理。

(3)摊铺。

首先在基层表面均匀喷洒黏层油,以增强沥青混合料与基层之间的黏结力,确保层间结合牢固,防止层间滑动。使用专业摊铺机将热拌沥青混合料均匀地摊铺在处理好的基层上。控制摊铺机的速度和沥青混合料的厚度,确保摊铺层的均匀性和满足设计要求。在摊铺过程中,持续监测并控制沥青混合料的温度,确保其在适宜的范围内(通常在 140～160℃ 范围内),以保证混合料的可塑性和压实效果。

(4)碾压。

DCT 超黏极薄罩面层碾压工艺简单,摊铺完成后立即采用 13～16t 的钢轮压路机静压 2 遍,并从外侧向中心、低处向高处碾压。为防止沥青混合料出现黏轮现象,可在钢轮上洒少量水或洗衣粉水,并要求压路机不得停留在刚摊铺且未完全硬化的沥青路面上,等待降温形成强度后大概 1h 即可开放交通。

7.6.5　施工效果评价

施工完毕后,选择合适路段(下行方向)进行施工质量及路用性能检测,把罩面的厚度、宽度、构造深度、摩擦系数及渗水系数等实测项目作为评价指标,其检测结果见表 7-35。

DCT 超黏极薄罩面层检测结果 表7-35

检查项目	检测点			平均值	规定值	合格率（%）
	K885+737	K885+144	K885+054			
厚度（mm）	16	17	17	16.50	15±2	100
宽度（mm）	11360	11400	11380	11380	11380±2	100
构造深度（mm）	1.48	1.34	1.52	1.45	≥0.7	100
摩擦系数	54	53	57	55	≥45	100
渗水系数（mL/min）	728	809	2115	1217	≥400	100

由表7-35的结果可得，罩面的厚度、宽度、构造深度、摩擦系数及渗水系数等性能指标均满足要求，表明采用DCT超黏极薄罩面层技术处理后的高速公路路用性能大幅提升，且病害问题得到改善。

7.6.6 施工结论

本项目就DCT超黏极薄罩面层在高速桥面铺装养护中的应用进行研究，进行沥青混合料的配合比设计及验证，该配合比具有优异的抗水损坏、抗飞散等性能，在桥面铺装上实施时各项性能指标均满足要求，路用性能大幅提高，具备良好的应用及推广前景。

第8章

温拌技术应用案例

8.1 UTAC超薄罩面

8.1.1 工程概况

广东省某高速公路为双向6车道,平原微丘区设计速度为120km/h,重丘区设计速度为100km/h,路线全长97.845km。该高速公路在运营期内,交通量大,重载交通比例大,在车辆荷载、光热等因素长期共同作用下,曾出现了车辙、桥头跳车及抗滑性能下降等严重病害,2008—2018年期间先后采用了预防性养护、罩面、铣刨重铺等养护维修方案。2019年对该高速公路路况进行抽查,结果显示,部分路段(表8-1)路面裂缝较多,局部出现零星坑槽,路面损坏状况指数PCI较低,而其他路面状况指数较好。为了改善路面行驶状况,排除安全隐患,同时给后续工程提供参考经验,于2020年采用UTAC-8超薄罩面技术对该部分路面进行处治[84]。

2019年高速公路PCI不合格路段 表8-1

罩面类型		路段桩号
加铺2cm UTAC沥青混合料(路段共32.657km,桥面不加铺)	上行方向	K1902+900~K1911+000
	上行方向	K1942+844~K1946+000
	上行方向	K1954+317~K1961+000

120

续上表

罩面类型		路段桩号
加铺2cm UTAC沥青混合料(路段共 32.657km,桥面不加铺)	上行方向	K1964+000~K1964+628
	上行方向	K1980+000~K1986+403
	下行方向	K1964+000~K1967+000
	下行方向	K1977+000~K1983+000

8.1.2 原材料要求

(1)改性沥青。

UTAC-8沥青混合料采用广东省内某公司生产的PG82-10改性沥青,沥青的技术指标见表8-2,沥青的各项试验数据应满足表2-11中主要技术指标及要求。

PG82-10改性沥青技术指标 表8-2

试验项目		试验结果	规范规定值	试验方法
针入度(25℃,100g,5s)(0.1mm)		47	40~60	沥青针入度试验 JTG E20—2011 T 0604
软化点(℃)		88.5	≥70	沥青软化点试验 JTG E20—2011 T 0606
延度(5℃)(cm)		32	≥20	沥青延度试验 JTG E20—2011 T 0605
弹性恢复(25℃)(%)		95	≥90	沥青弹性恢复试验 JTG E20—2011 T 0662
闪点(℃)		316	>230	沥青闪点与燃点试验 JTG E20—2011 T 0611
TFOT (163℃,5h)	质量变化	-0.03	≤±1	沥青旋转薄膜加热试验 JTG E20—2011 T 0610
	残留针入度比(25℃)(%)	79.5	≥60	沥青针入度试验 JTG E20—2011 T 0604
	残留延度(5℃)(cm)	21	≥15	沥青延度试验 JTG E20—2011 T 0605

(2)粗集料。

UTAC-8沥青混合料采用的粗集料为广东省内某石料场生产的5~8mm碎石,主要技术指标应满足表2-26的要求,其具体技术指标见表8-3。

粗集料技术指标 表 8-3

项目		技术要求	试验结果	试验方法
压碎值(%)		≤18	10.6	粗集料压碎值试验 JTG 3432—2024 T 0316
洛杉矶磨耗(%)		≤20	11.4	粗集料磨耗值试验 JTG 3432—2024 T 0317
密度(t/m³)		≥2.6	2.933	粗集料密度及吸水率试验 JTG 3432—2024 T 0304
吸水率(%)		≤2	0.63	
扁平颗粒含量	1:3(%)	≤12	2.5	粗集料针片状颗粒含量试验 JTG 3432—2024 T 0312
	1:2(%)	≤15	—	
小于0.075mm颗粒含量(%)		≤1	0.2	粗集料含泥量及泥块含量试验 JTG 3432—2024 T 0310
磨光值		≥42	43	粗集料磨光值试验 JTG 3432—2024 T 0321

（3）细集料。

细集料采用某石料厂生产的 0～3mm 机制砂及石灰岩矿粉,细集料主要技术指标应满足表 2-26 的要求,其具体技术指标见表 8-4。矿粉主要技术性能指标应满足表 2-27 中高速公路及一级公路的技术要求。

细集料主要技术指标 表 8-4

项目	技术要求	试验结果	试验方法
坚固性(%)	≤12	3.5	细集料坚固性试验 JTG 3432—2024 T 0340
砂当量(%)	≥65	68	细集料砂当量试验 JTG 3432—2024 T 0334
密度(t/m³)	≥2.5	2.719	细集料表观密度试验 JTG 3432—2024 T 0328

8.1.3　级配设计

按照 UTAC-8 的技术要求和筛分结果,计算确定了原材料级配曲线和配合比,见表 3-11。根据 UTAC-8 马歇尔配合比设计要求和《公路沥青路面施工技术规范》(JTG F40—2004)中热拌沥青混合料配合比设计方法,该设计确定的最佳油石比为 6%,并按该油石比进行了马歇尔试验,试验结果见表 8-5。油石比为 6% 的 UTAC 沥青混合料满足技术要求。

UTAC-8 改性热拌沥青混合料试验结果　　　　表 8-5

试验项目	技术要求	试验数据	试验方法
稳定度(kN)	≥8	10.76	沥青混合料马歇尔稳定度试验 JTG E20—2011 T 0709
流值(0.1mm)	15～40	35.6	
空隙率(%)	3～6	4.7	
残留稳定度(%)	≥85	90.5	
冻融劈裂试验残留强度比(%)	>80	86.2	沥青混合料冻融劈裂试验 JTG E20—2011 T 0729
动稳定度(次/mm)	≥5000	6559	沥青混合料车辙试验 JTG E20—2011 T 0719

8.1.4　施工步骤

UTAC 所用的施工机具原则上与 AC 类罩面材料基本相同,一般无须特别配备施工机械和试验设备。

(1)基础工作。

加铺前对原路面病害进行处治:存在松散严重、裂缝呈网状、坑槽连续的路段采用铣刨 4cm 面层、回填完再加铺的方式;存在一般裂缝病害的路段采用热沥青灌封 + 贴压缝带处治后再加铺的方式。预防性养护路段只对行车道进行加铺,不影响路侧波形护栏高度,加铺后恢复处治路段的标线、突起路标等交通安全设施。

(2)拌和。

UTAC-8 沥青混合料采用间歇式拌和机,通过 3 个拌和仓生产热料,并以电子质量传感器和红外线温度传感器对材料的质量和温度进行监测。采用二次除尘设备,尽可能收集粉尘,减少有害粉尘的排放。当产料与用料速度不能很好协调时,可设置一个 150t 以上能保温的储料仓。

(3)摊铺。

摊铺前,应明确拌和机提供热料的量、施工器械的情况、摊铺厚度。以两台摊铺机为梯队,做到均匀、不间断、缓慢地摊铺,确保摊铺层压实均匀。

料门开度、链板送料器的速度和螺旋布料器的转速要匹配,使混合料在摊铺范围内均匀分布,避免出现离析现象。当摊铺机集料斗剩余 10cm 厚的热料时,运料车可开始供料,避免粗料集中。

摊铺宜在当天高温时段进行,当路表面温度低于 15℃时不宜摊铺。遇到下雨,应立刻停止施工,并清除未压实成型的混合料。遭受雨淋的混合料应废弃,不得卸入摊铺机摊铺。UTAC 沥青混合料的施工温度应控制在适当的范围内,见表 5-1。根据过往路段的施工经验,抽检 UTAC 渗水指标,小于 120mL/min 占比 90% 以上为合格。

(4)压实。

初压应尽量安排在摊铺后较高温度下进行,确保压实度和平整度,避免混合料产生推移、开裂等现象。压路机应以缓慢而均匀的速度碾压,建议碾压步骤为初压(钢轮静压 1 遍)—复压(钢轮振动 2 遍,轮胎 2~3 遍,两种碾压工艺交替进行)—终压(光轮 1~2 遍,不振动)。施工中应采用紧跟快压的方法,同时减少振动压实次数,增加轮胎碾压次数。

碾压速度因初压、复压、终压及压路机的类型而异,初压建议采用大吨位双钢轮振动压路机,复压宜采用大吨位双钢轮振动压路机或轮胎压路机,终压应采用双钢轮压路机静压成型。

路面摊铺后应抓紧碾压,对压路机的碾压顺序、碾压路线、碾压遍数、碾压速度和沥青层的松铺厚度应做好检测,控制质量,使摊铺面在较短时间内达到设计要求的压实度。压路机折返应呈梯形,不得在同一断面上。UTAC-8 路面压实度控制要求采用双控指标,最大理论密度压实度不小于 93%,马歇尔密度压实度不小于 97%。路面压实完成 24h 后,方可允许施工车辆通行,施工工艺如图 8-1 所示。

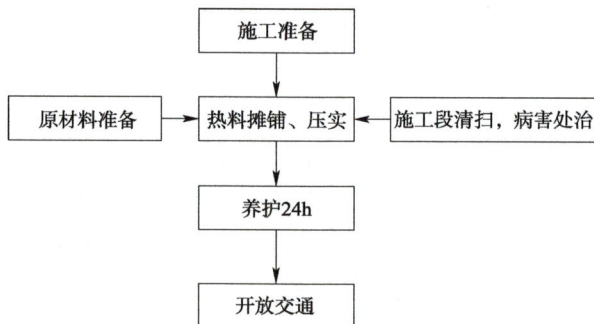

图 8-1 施工工艺流程

8.1.5 施工后的检测与分析

为了检验 UTAC-8 超薄罩面技术对路面性能的改善效果,根据《公路技术状况评定标准》(JTG 5210—2018)的要求和基于施工前路面只有 PQI 不达标的情况,以路面状况损坏指数 PCI、路面行驶质量指数 RQI、路面车辙深度指数 RDI、路面抗滑性能指数 SRI、路面技术状况 PQI 为主要指标,对施工后的公路路面进行检测。

(1)路面状况损坏指数 PCI。

路面状况损坏指数 PCI 对不同的路面损坏,如龟裂、(块状、纵向、横向)裂缝、沉陷、车辙、波浪拥包、坑槽、松散、泛油和修补等进行评价,按照其损坏程度的不同进行权重换算。图 8-2 是 K1903~K1911、K1954~K1960 段的路面损坏指数 PCI。施工前,PCI 有 13.16% 的路面低于 80,59.87% 的路面介于 80 和 90 之间,平均为 86.66,路面有较多病害,不满足行驶要求,存在较大隐患;施工后,低于 80 的有 0.66%,介于 80 和 90 之间的有 8.55%,平均为

97.83。施工前后相比,PCI 平均提高了 11.17,因此采用 UTAC-8 超薄罩面技术能较好地处治路面病害,提高 PCI 指数。

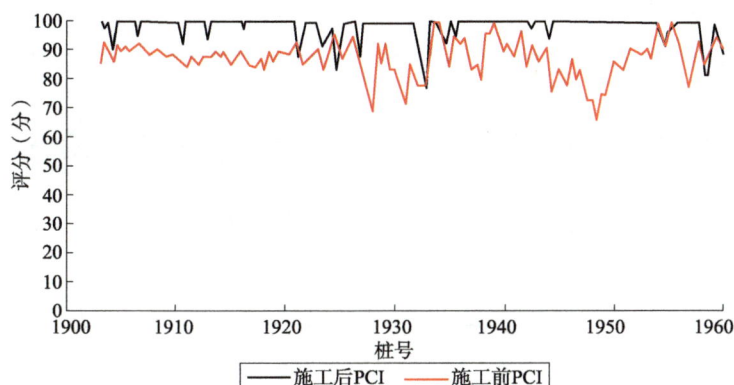

图 8-2　K1903～K1911、K1954～K1960 段路面状况损坏指数 PCI

(2)路面行驶质量指数 RQI。

路面行驶质量指数 RQI 可评价路面的平整度。图 8-3 是 K1903～K1911、K1954～K1960 段路面行驶质量指数 RQI。施工前,有 2.63% 的路面 RQI 低于 80,18.42% 的路面介于 80 与 90 之间,平均为 92.22,路面平整度较好;施工后,低于 80 为 0%,介于 80 与 90 之间的有 10.53%,平均为 93.35。施工前后相比,RQI 平均提高了 1.13,因此应用 UTAC-8 超薄罩面技术可小幅提高 RQI 指数,改善路面平整度。

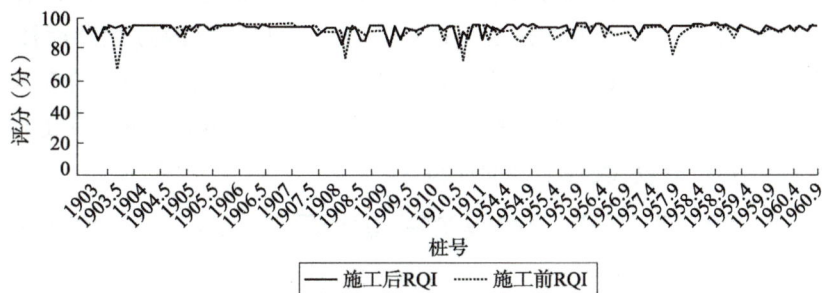

图 8-3　K1903～K1911、K1954～K1960 段路面行驶质量指数 RQI

(3)路面车辙深度指数 RDI。

高速公路一般采用横断面仪记录横断面形状,确定路面车辙状况的检测指标车辙深度 RD,计算得到路面车辙深度指数 RDI,从而评价路面车辙。图 8-4 是 K1903～K1911、K1954～K1960 段路面车辙深度指数 RDI。施工前,RDI 平均为 95.67,路面车辙病害不多;施工后,RDI 平均为 97.67。施工前后相比,RDI 提高了 2.00,因此应用 UTAC-8 超薄罩面技术能小幅提高 RDI 指数,改善路面车辙状况。

(4)路面抗滑性能指数 SRI。

路面抗滑性能指数 SRI 主要依据轮胎与路面间的摩擦阻力,以横向力系数 SFC 计算得到 SRI,评价路面抗滑性能。图 8-5 是 K1903～K1911、K1954～K1960 段路面抗滑性能指数

SRI。施工前,有 8.55% 路面的 SRI 介于 80 与 90 之间,平均为 92.03,路面抗滑性能良好;施工后,SRI 全部大于 90,平均为 96.46。因此应用 UTAC-8 薄层罩面技术可小幅提高 SRI 指数,改善路面抗滑性能。

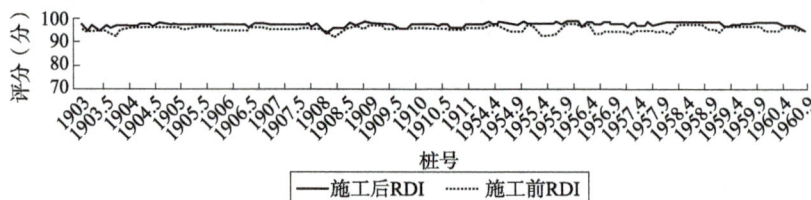

图 8-4　K1903～K1911、K1954～K1960 段路面车辙深度指数 RDI

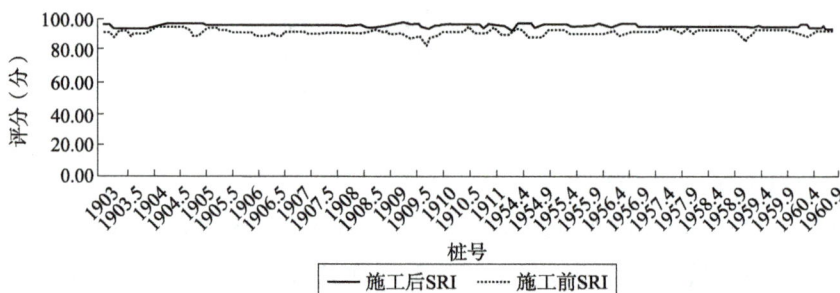

图 8-5　K1903～K1911、K1954～K1960 段路面抗滑性能指数 SRI

(5)路面技术状况 PQI。

路面技术状况 PQI 是综合考虑路面损坏、承载能力、平整度、抗滑、车辙、磨耗和跳车等因素,对路面进行总的评价。图 8-6 是 K1903～K1911、K1954～K1960 段路面技术状况 PQI。施工前,有 23.68% 路面的 PQI 介于 80 与 90 之间,平均为 91.49;施工后,介于 80 与 90 之间的有 6.58%,平均为 95.89。施工前后相比,PQI 平均提高了 4.40,因此应用 UTAC-8 薄层罩面技术小幅提高了 PQI 指数,改善了路面质量。

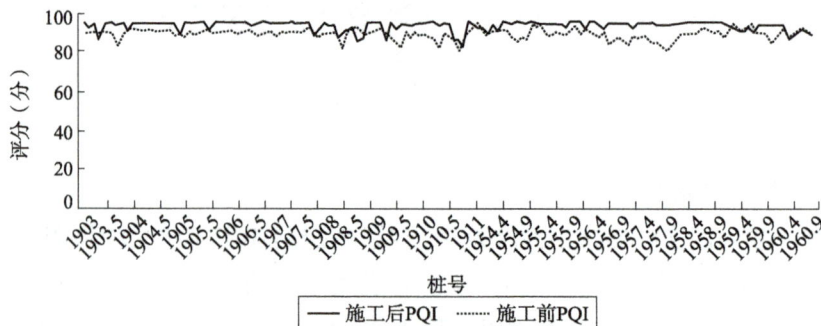

图 8-6　K1903～K1911、K1954～K1960 段路面技术状况 PQI

8.1.6　施工结论

UTAC-8 超薄罩面技术在施工后,PCI 平均提高了 11.17,RQI 平均提高了 1.13,RDI 平均提高了 2.00,SRI 平均提高了 2.33,PQI 平均提高了 4.40,因此 UTAC-8 超薄罩面技术大幅提高了 PCI 指数,而其他指数得到了小幅提升。

对 PCI 指数不满足要求而其他指数良好的路段,加铺 2cm 的 UTAC 超薄罩面后,能够小幅提高路面状况损坏指数 PCI、路面行驶质量指数 RQI、路面车辙深度指数 RDI、路面抗滑性能指数 SRI,大幅提高路面技术状况 PQI。这说明 UTAC 超薄罩面技术可有效改善开裂、坑槽等路面病害,提高路面平整抗滑性能,保障路面的行驶质量,延长路面使用寿命,该技术的工程应用经验,可为类似工程提供参考。

8.2 ECA 超薄罩面

8.2.1 工程概况

甘肃省某高速公路路线全长 42.76km,于 2010 年 11 月 10 日建成通车,截至 2018 年 7 月通车运营时间接近 8 年。调查发现,路面病害主要表现为纵、横向裂缝及轻微的沉陷。

形成路面病害的主要原因为:一是该公路服役时间已超过中期,原路面沥青面层已开始老化,水泥稳定砂砾基层强度衰减速度较快,导致基层裂缝反射至路面。二是部分路段路基内部存在盐渍土,水分渗入路基后出现盐胀现象,导致路面出现严重的裂缝和沉陷。

本项目选取 SK32＋580～SK33＋626 段 1.046km 典型路面病害路段作为试验段,进行 ECA-10 超薄罩面。首先彻底处治原路面 >3cm 深的沉陷及严重网裂病害,然后精铣刨原路面 1cm,清扫干净后,又将 700m 下承层撒布橡胶碎石封层,346m 下承层喷洒改性乳化沥青黏层油(下承层封水、抗裂对比试验),全路段 1.046km 铺筑 2.5cm 厚 ECA-10 沥青混合料(铺筑宽度 10.5m),重点研究 ECA-10 薄层罩面在甘肃河西走廊(寒区旱区)的适用性,为后期推广使用积累重要的工艺数据和施工经验[47]。

8.2.2 超薄罩面的原材料及混合料技术要求

(1)原材料要求。

ECA-10 超薄罩面所用的基质沥青需满足附表 1-1 中 70 号或 90 号基质沥青的要求,直投式高性能沥青混合料改性剂 HPM-1 的要求见表 2-12;所用粗集料、细集料、填料需满足表 2-22～表 2-25 中高速公路及一级公路表面层的技术要求;所用聚酯纤维及碾压助剂(CA-1)需满足表 2-27、表 2-28 中主要指标要求,高黏改性乳化沥青黏层油需满足表 2-16 中乳化沥青技术要求及检测指标。

(2)混合料组成设计。

级配组成对沥青混合料的路用性能有显著的影响,为了提高 ECA-10 的抗变形能力和抗滑能力,应满足表 3-15 中 ECA-10 沥青混合料的级配范围;易密实沥青混合料的配合比设计采用马歇尔试验方法,并采用旋转压实成型进行验证。马歇尔试验的技术要求见表 3-16,配合比检验指标及其技术要求见表 3-17。

8.2.3　配合比设计

根据上述原材料技术指标要求,对本项目中沥青的三大指标进行检测,试验结果见表8-6。

沥青基本指标试验结果　　　　表8-6

试验项目	试验结果	规范要求
针入度(0.1mm)	72.1	60~80
软化点(℃)	80.9	≥55
延度(cm)	40	≥30

本项目中各种集料密度试验结果见表8-7。

材料密度试验结果　　　　表8-7

材料	5~10mm	3~5mm	0~3mm	矿粉	沥青
表观相对密度	2.772	2.800	2.685	2.659	0.997
毛体积相对密度	2.718	2.722	2.675	—	—

对集料进行水洗法筛分后,根据《公路沥青路面施工技术规范》(JTG F40—2004)要求的级配范围,对各档料进行配比,其筛分结果见表8-8和表8-9,如图8-7所示。

筛分试验结果(水洗法)　　　　表8-8

筛孔孔径(mm)	集料档位			
	5~10mm	3~5mm	0~3mm	矿粉
13.200	100.0	100.00	100.00	100.0
9.500	97.5	100.00	100.00	100.0
6.700	39.2	99.70	100.00	100.0
4.750	3.7	94.80	100.00	100.0
2.360	0.6	11.40	91.70	100.0
1.180	0.6	5.00	66.90	100.0
0.600	0.6	2.70	43.80	100.0
0.300	0.6	2.20	26.60	100.0
0.150	0.6	2.10	16.00	97.5
0.075	0.6	1.60	4.80	90.5

混合料矿料级配范围　　　　表8-9

筛孔	通过筛孔(方孔筛,mm)百分率(%)									
	13.200	9.500	6.700	4.750	2.360	1.180	0.600	0.300	0.150	0.075
级配上限	100	100	67.5	35	28.0	23	19	15	12	10
级配下限	100	95	60	25	20	15	12	10	8	6
级配中值	100	97.5	63.75	30	24	19	15.5	12.5	10	8
合成级配	100	98.3	59.2	35.2	27.1	21.4	16.2	12.4	9.9	7.0

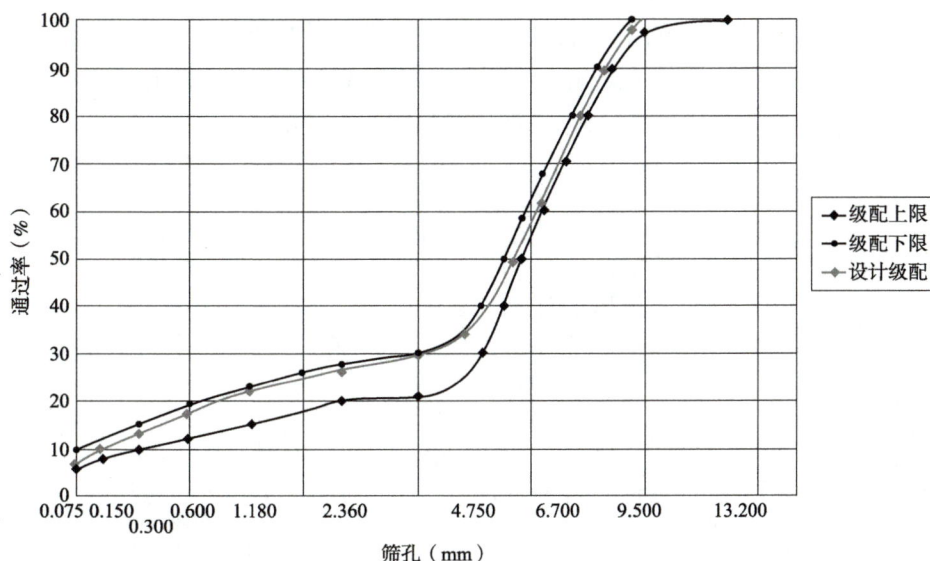

图 8-7　矿料混合料级配曲线

根据试验结果,本项目推荐配合比设计如下:碎石(5~10mm):碎石(3~5mm):机制砂(0~3mm):矿粉 = 65:5:24:6。

8.2.4　室内试验结果

将上述原材料按照规定配合比拌和后,将试件双面击实75次成型,马歇尔试验的技术要求见表3-16,其相关试验数据见表8-10。

马歇尔试验结果　　　　　　　　　　表 8-10

油石比（%）	毛体积相对密度	最大理论相对密度	空隙率（%）	干劈裂强度（MPa）	稳定度（kN）	流值（mm）
4.5	2.399	2.558	6.2	1.23	13.6	1.8
5.0	2.397	2.528	5.2	1.57	13.3	2.9
5.5	2.386	2.506	4.8	1.77	12.6	3.5
6.0	2.355	2.458	4.2	1.59	12.1	3.9
6.5	2.334	2.424	3.7	1.41	11.4	4.5

根据油石比与物理力学指标测定值及油石比与各物理、力学参数的关系曲线,结合气候条件、道路等级、交通量等因素,并结合实践经验,最终确定目标配合比最佳油石比为5.6%。

为确定该级配设计沥青混合料在高温条件下的抗车辙能力,进行车辙试验。动稳定度为3580(次/mm)(技术要求≥3000),即该设计级配沥青混合料在高温条件下具有良好的抗车辙能力。

129

为验证沥青混合料抗裂性能,本项目对试件进行半圆弯曲试验。所采用的试件尺寸的直径为101.6mm,厚度为30mm,由马歇尔试件切割而成。开展沥青混合料开裂试验,采用位移加载,加载频率为1mm/min,试验温度为20℃。本次试验对 AC-10 及 ECA-10 混合料试件半圆弯曲试件荷载-位移曲线进行对比,具体情况如图 8-8 所示。

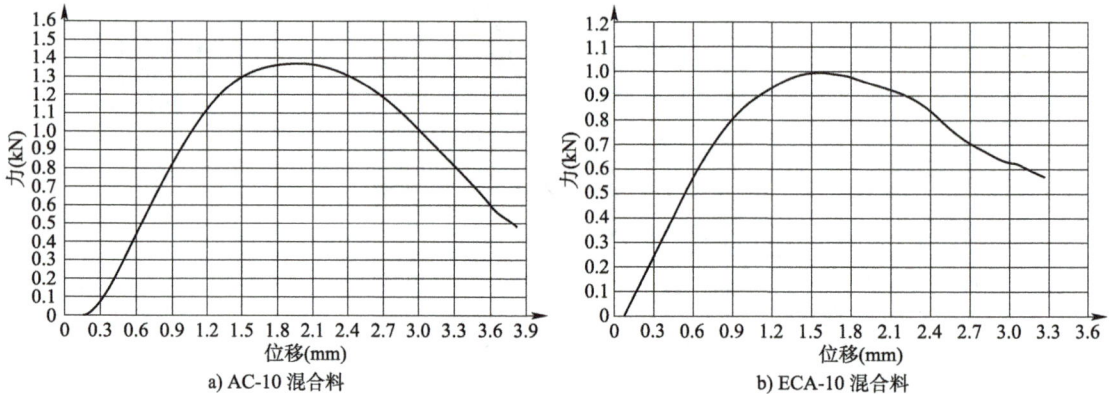

a) AC-10 混合料　　　　b) ECA-10 混合料

图 8-8　半圆弯曲试件荷载-位移曲线

由图 8-8 可知,ECA-10 级配试件半圆弯曲试件开裂破坏强度峰值明显大于 AC-10 级配试件破坏强度,即本项目设计配合比抗裂性能明显优于 AC-10 级配,有助于防止低温收缩开裂和温度疲劳开裂,具有更好的抗开裂性能,从而可以延长道路使用寿命。

8.2.5　施工关键点控制

(1)易密实剂的添加。

易密实沥青混合料与热拌沥青混合料的主要区别是:易密实沥青混合料使用了易密实剂,降低了施工温度。易密实剂选用表面活性剂类的易密实剂(表面活性剂类的温拌剂也可),添加量为沥青质量的 0.5%。拌料前易密实添加剂直接添加到带有搅拌装置的沥青罐中,低速搅拌 2h,使其与沥青混合均匀,密闭避光保存待用。

(2)增加 6.7mm 的筛孔。

ECA-10 沥青混合料与常规的密级配沥青混合料级配的主要区别是增加了 6.7mm 的筛孔,因此在石料轧制过程和拌和中楼筛网设置过程中需要考虑 6.7mm 的通过率,保证不同粒径范围的集料能够合成具有理想级配曲线的混合料。

(3)玄武岩纤维的添加。

纤维选用短切玄武岩纤维,添加量为集料质量的 0.25%,纤维长度采用 6~8mm 为宜(避免搅拌叶片缠绕或搅拌不均匀)。拌料时玄武岩纤维按照拌和锅每锅所需的质量进行计算,称重后装入塑料袋直接投进拌和锅。

(4)施工温度的控制。

出料温度根据不同的环境温度需要进行调整,ECA-10 易密实混合料推荐的温度范围具体见表 5-2。

8.2.6 施工质量控制

施工完成后对试验段进行现场检测,各项指标需要满足以下规范要求(表8-11)。

检测结果   表8-11

检测项目	规定值	实测值	检测结果
摆值(BPN)	高速公路、一级公路≥45	103	合格
构造深度(mm)	高速公路、一级公路≥0.60	0.7	合格
渗水系数(mm/min)	≤200	8	合格

8.2.7 经济性分析

ECA-10易密实混合料超薄罩面单价如下(表8-12)。

超薄罩面单价   表8-12

项目	ECA-10 超薄罩面造价	
	0~700m 碎石封层	700~1046m 黏层油
原路面精铣刨(元/m²)	8	8
改性乳化沥青黏层油(元/m²)	2.67	2.67
4.75~9.5mm 橡胶沥青碎石封层(元/m²)	15	—
2.5cm 薄层罩面(元/m²)	30	30
合计(元/m²)	55.67	40.67

根据本方案的特点,与2.5cm厚Nova Chip超薄罩面、4cm厚AC-13改性沥青混凝土面层、2.5cm厚SMA-10沥青玛琋脂碎石面层进行价格比较(表8-13)。

工程价格分析(元)   表8-13

Nova Chip 超薄罩面	AC-13 沥青混凝土	SMA-10 面层
68	48	47

经比较,ECA-10易密实混合料超薄罩面造价最低,下部增加橡胶沥青碎石封层时,造价仍比Nova Chip超薄罩面价格低,性价比优势明显。

8.2.8 施工结论

ECA-10易密实混合料超薄罩面构造深度大,摩擦系数大,具有优良的路面抗滑和高温抗车辙能力,且施工工艺简单、方便,适合作为高速公路养护维修工程中的磨耗层或面层老化的矫正性路面养护。ECA-10 超薄罩面对原路面高程和其他相关设施的影响几乎可忽略不计,有着良好的使用效果和经济效益,值得大面积推广应用[85]。

8.3 加入温拌剂的超薄磨耗层

8.3.1 工程概况

河北省内某高速公路全长 178.8km,速度为 60 ~ 100km/h,采用双向 4 车道建设标准,山岭区、重丘区、微丘区的路基宽度分别为 21.5m、23.0m、24.5m。本工程沿线分布大面积的不良地质,占线路总长的 90%,其中软基占线路长的 17%。公路建成通车 15 年后,进入养护周期,为制订出造价合理、技术可行、养护效果良好的养护方案,本工程对 K45 +600 ~ K46 +600 下行线路段做温拌薄层罩面养护,罩面结构为纤维增强应力吸收层(1mm) + SMA-10 薄层面(2.5cm),为同类大规模养护工程的实施提供借鉴。

8.3.2 原材料要求

(1)改性沥青。

本工程试验路段采用的沥青为 SBS 改性沥青,其性能指标的试验检测结果如下:

①针入度(25℃,100g,5s)检测结果为 54(0.1mm),满足规范值 40 ~ 60(0.1mm)的要求。

②软化点(环球法)检测结果为 78℃,满足规范值不小于 70℃的要求。

③延度(5℃,5cm/min)检测结果为 44cm,满足规范值不小于 20cm 的要求。

④弹性恢复(25℃)检测结果为 92%,符合规范值不小于 85%的要求。

⑤在旋转薄膜加热试验中,质量变化检测结果为 0.05%,符合规范值不超过 ±1.0%的要求;针入度比(25℃)的检测结果为 75.8%,符合规范值不小于 65%的要求;延度(5℃)的检测结果为 22cm,符合规范值不小于 15cm 的要求。

(2)粗集料。

本工程试验路段选用当地玄武岩作为粗、细集料,需达到表 2-22、表 2-23 及表 2-29 中高速公路及一级公路表面层各项要求,其性能指标的试验检测结果如下:

①石料压碎值检测结果为 20.4,符合规范值不超过 26 的要求。

②洛杉矶磨耗值检测结果为 17.5,符合规范值不超过 28 的要求。

③粒径 10 ~ 12mm、7 ~ 10mm、3 ~ 7mm、0 ~ 3mm 的集料表观相对密度检测结果分别为 2.921、2.940、2.941、2.876,符合规范值不小于 2.60 的要求。

④粒径 10 ~ 12mm、7 ~ 10mm、3 ~ 7mm 的集料毛体积密度检测结果分别为 2.779g/cm³、2.994g/cm³、2.984g/cm³。

⑤针片状颗粒含量检验结果为 10.6%,符合规范值不超过 15%的要求。

(3)填料。

本工程试验路段选用当地石灰岩矿粉,要求其满足表 2-25 中高速公路及一级公路表面层的质量技术要求,试验检测结果如下:

①表观相对密度检测结果为 2.722t/m³,满足规范值不小于 2.50t/m³ 的要求。

②含水率检测结果为 0.4%,符合规范值不大于 1% 的要求。

③外观检测无团粒结块现象,符合外观质量验收要求。

④亲水系数检测结果为 0.6,符合规范值小于 1 的要求。

⑤塑性指数检测结果为 2.6%,符合规范值不超过 4% 的要求。

⑥加热安定性检测结果无颜色变化。

(4)纤维。

本工程试验路段选用的纤维为木质纤维素,其性能指标的试验检测结果如下:

①纤维长度实测值小于 6,符合规范值要求。

②灰分含量实测值为 18%,符合规范值(18 ±5)% 的要求。

③pH 值实测值为 7.3,符合规范值 7.5 ±1.0 的要求。

④吸油率实测值为 5.6,符合规范值不小于纤维质量 5 倍的要求。

⑤含水率实测值为 2.4%,符合规范值不大于 5% 的要求[86]。

8.3.3　温拌沥青技术性能

在基质沥青中分别掺入 2.0%、2.5%、3.0%、3.5% 的降黏剂 Sasowma 制备四种温拌沥青,试验检测结果显示:当掺入 3.0% 的降黏剂时,改性沥青的技术指标才能全部满足规范要求,降黏效果最为明显。温拌沥青的拌和温度控制在 146℃,压实温度控制在 135℃。与热拌沥青相比,这两项温度下降幅度均在 10℃ 以上,能够满足混合料温拌要求。

8.3.4　温拌沥青混合料的路用性能

根据 SMA-10 相同矿质混合料条件,通过马歇尔试验确定温拌沥青的最佳油石比为 6.2%。

(1)在 60℃ 试验环境下,对温拌沥青混合料试块进行车辙试验,获取车辙深度 RD、动稳定度 DS 两项指标,用于评价混合料的高温稳定性。试验结果如下:车辙深度为 1.814mm,动稳定度为 3740 次/mm,完全符合沥青路面施工技术规范要求。

(2)在 -10℃ 试验环境下,对温拌沥青混合料试块进行低温弯曲试验,获取最大弯拉应变、抗弯拉强度、弯曲劲度模量三项指标,用于评价混合料的低温抗裂性。试验结果如下:抗弯拉强度 8.02MPa,最大弯拉应变 2630,弯曲劲度模量 3054MPa,各项指标均符合相关规范要求。

(3)在 60℃ 热水恒温试验环境下,对温拌沥青混合料进行浸水马歇尔试验,获取浸水 30min 稳定度、浸水 48h 稳定度和残留稳定度值,用于评价混合料的水稳定性。试验结果如下:浸水 30min 稳定度为 10.63kN,浸水 48h 稳定度为 9.50kN,残留稳定度值为 89.4%,各项指标均符合施工技术规范要求。

8.3.5　纤维增强应力吸收层施工

（1）在改性沥青洒布前处理基面,用钢丝打磨机处理旧沥青路面,再用真空吸尘机清除路面上的浮土、杂质。

（2）选在气温不低于5℃,且基面温度不小于0℃的时间段铺设纤维增强应力层。铺设时如遇到5级以上大风天气,则要停止施工。

（3）在大面积铺设前,重点做好转角、节点、排水口处的纤维增强应力吸收层预先处理工作,以保证整体的应力吸收层施工质量。

（4）在配合使用聚合物改性乳化沥青涂层或水乳型防水涂料时,不能掺入结块涂料,以免影响涂层的均匀性。

（5）聚合物改性乳化沥青涂层应涂布多遍,当前一层涂料干燥后,再涂刷下一层涂料,保证均匀涂刷每一层,且每层涂刷的推进方向一致,涂刷后保证表面平整、厚度一致;在防水涂料收头时,要用乳化沥青多涂刷几遍。

（6）选用无碱玻璃纤维作为改性乳化沥青涂层间设置的胎体增强材料,合理控制胎体增强材料的用量,采用同步切割喷涂技术,保证胎体材料与防水涂料均匀混合,增强应力吸收层的均匀性。

8.3.6　薄层罩面施工

加入温拌剂的超薄磨耗层的施工应按照5.2节的"温拌薄层罩面生产及运输"及5.3节的"温拌薄层罩面现场施工"指导其混合料的拌和、运输、摊铺、压实及接缝处理的过程。

8.3.7　施工结论

改良后的温拌薄层罩面施工技术是在原有路面上铺筑纤维增强应力吸收层,再在应力吸收层上加铺2.5cm厚的温拌SMA-10薄层罩面,快速完成摊铺、碾压、接缝处理工艺流程,保证混合料得到充分压实,从而改善路面整体的使用性能。此项目的施工表明,该技术具有一定的施工效果,值得进一步推广应用。

8.4　ZTS耐久型罩面

8.4.1　工程介绍

2021年9月,ZTS耐久型罩面在北京市某路段进行工程应用,该路段属于中等交通荷载,病害主要为裂缝,其中块状裂缝占比最大,个别路段存在沉陷、坑槽等病害,PCI近3年呈现快速下降趋势,目前PCI=83.35,PQI=87.9,评级为良[55]。

8.4.2 原材料要求

（1）改性沥青。

ZTS 的技术要求见表 2-20，普通 70 号基质沥青及其添加 ZTS 的改性沥青的技术指标要求见表 2-21，由此可知 70 号基质沥青经 ZTS 改性后针入度降低，软化点升高约 20℃，高温性能明显提升，远优于现有常见改性沥青材料。

为研究 ZTS 对沥青黏结性能的影响，对 70 号基质沥青、ZTS 改性沥青、SBS 改性沥青进行不同温度条件下的直接拉伸试验。试验方法为：将沥青加热熔化，70 号基质沥青和 ZTS 改性沥青加热温度为 150℃，SBS 改性沥青加热温度为 165℃，在两块标准混凝土试块间浇筑沥青，形成 50mm×50mm×10mm 的沥青试块，室温冷却 12h 后安置在带有控温功能的拉伸试验机夹具上，保持试验温度 4h，分别进行高温（45℃）和低温（−5℃）拉伸试验。由于 70 号基质沥青在 45℃条件下已经呈半流动状态，无法获得拉伸数据，因此增加 70 号基质沥青的 35℃拉伸试验，沥青拉伸后状态如图 8-9 所示。

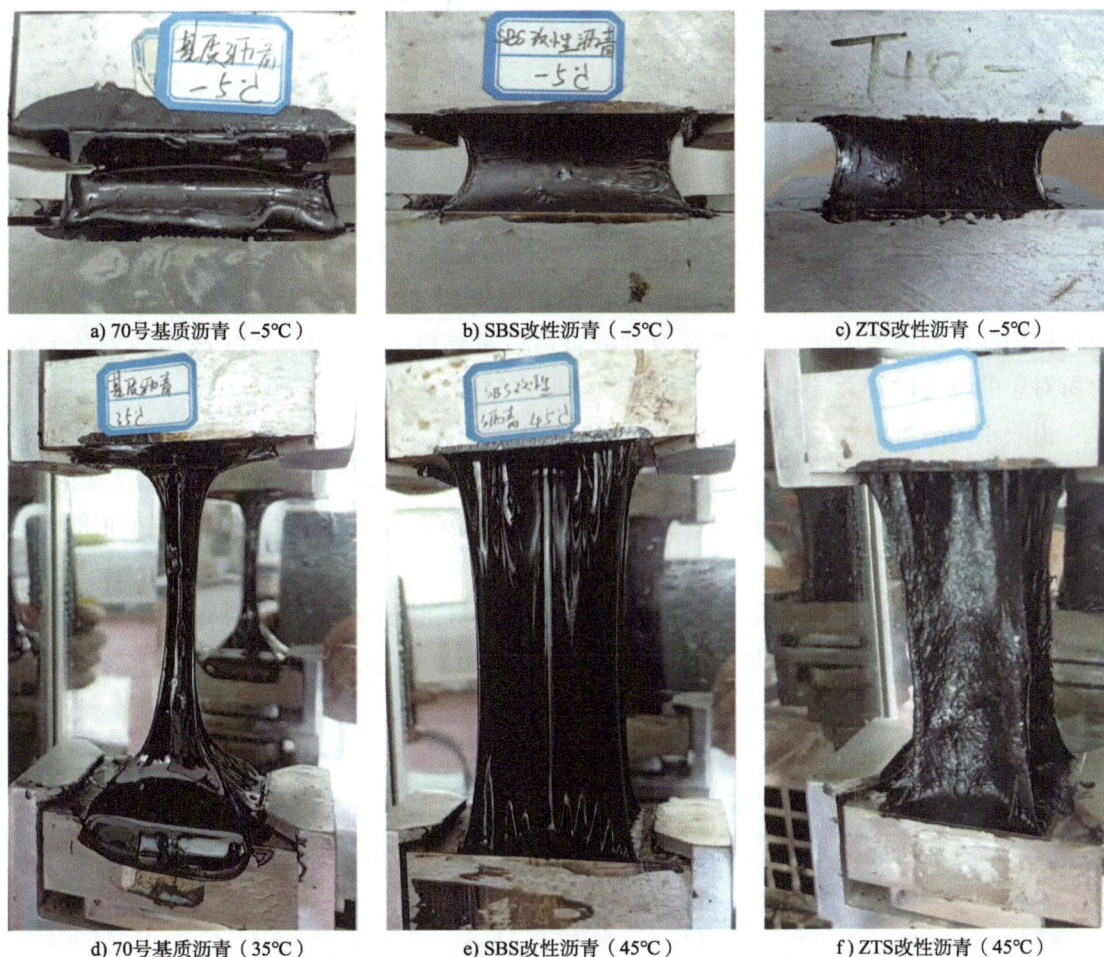

a) 70号基质沥青（−5℃） b) SBS改性沥青（−5℃） c) ZTS改性沥青（−5℃）

d) 70号基质沥青（35℃） e) SBS改性沥青（45℃） f) ZTS改性沥青（45℃）

图 8-9 沥青拉伸后的状态

由图 8-9 可知,70 号基质沥青在 −5℃下拉伸时发生脆性断裂,而 SBS 改性沥青和 ZTS 改性沥青在低温时仍可拉伸,且 ZTS 改性沥青变形量更大,即具有更优良的低温性能。70 号基质沥青在 35℃时很软,呈半流动状态,黏结作用很弱。而 SBS 改性沥青和 ZTS 改性沥青在 45℃下仍具有较强的黏结作用。与 70 号基质沥青相比,SBS 改性沥青和 ZTS 改性沥青均实现了低温性能和高温性能的大幅提升,且 ZTS 改性沥青低温性能更加突出。

沥青拉伸过程中拉力与位移之间的关系如图 8-10 所示,图中标注了最大拉力及其相应的位移。

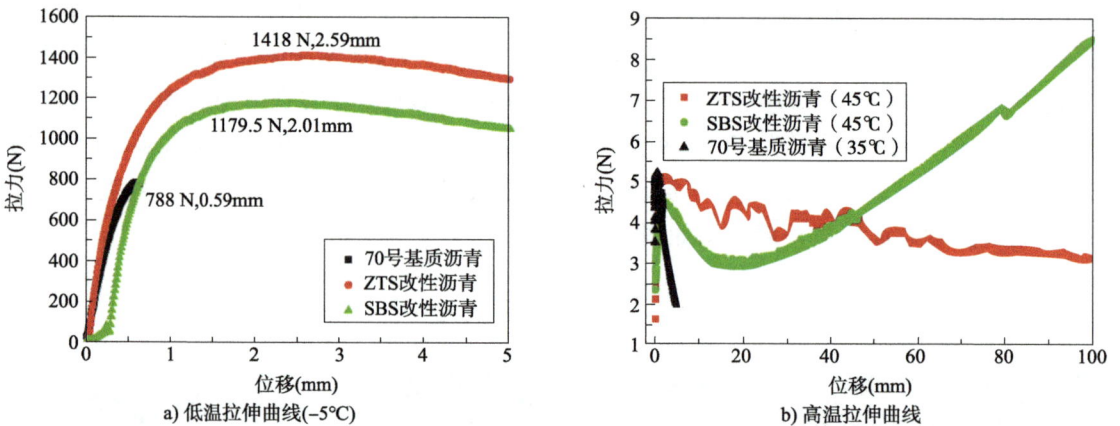

a) 低温拉伸曲线(−5℃)

b) 高温拉伸曲线

图 8-10　沥青拉伸曲线

由图 8-10a)可以看出,70 号基质沥青在 −5℃下很脆,仅拉伸 0.59mm 即断裂,这也是基质沥青路面冬季容易开裂的原因之一。SBS 改性沥青和 ZTS 改性沥青在 −5℃下均可承受较大拉伸变形而未发生断裂,且 ZTS 改性沥青可以承受更大的拉力。ZTS 改性沥青最大拉力所对应的位移也较大,说明其具有更强的变形恢复能力。

由图 8-10b)可以看出,70 号基质沥青在 35℃下发生微小位移时,其黏结力已大幅降低,表明其耐高温变形能力很差。45℃时,SBS 改性沥青和 ZTS 改性沥青均具有较强的黏结作用,当位移较小(<20mm)时,ZTS 改性沥青的黏结作用更强,说明其具备更强的抵抗高温变形能力。

(2)矿料。

超薄罩面作为表面磨耗层,需使用坚硬耐磨的矿料,该试验采用 8 ~ 11mm 的玄武岩作为粗集料,采用 0 ~ 3mm 的石灰石机制砂作为细集料,采用石灰岩矿粉作为填料。各档矿料筛分结果见表 8-14。

各档矿料筛分结果　　　　　　　　　　　　　　　　　表 8-14

矿料类型	筛孔尺寸（mm)								
	13.200	9.500	4.750	2.360	1.180	0.600	0.300	0.150	0.075
粗集料	100	94.0	2.4	1.3	1.3	1.3	1.2	1.1	0.7
细集料	100	100	100	86.4	53.4	27.6	18.6	13.3	9.7
填料	100	100	100	100	100	100	99.5	92.0	81.5

8.4.3 混合料配合比设计及验证

ZTS 高弹抗裂超薄罩面采用 ZTS-10 级配,级配范围见表 3-31;以经验最佳油石比 4.9% 为中值,以 0.3% 为间隔进行目标配合比试验,结果见表 3-32,表明最佳油石比为 4.9%。

对最佳油石比 4.9% 的 ZTS-10 沥青混合料进行性能验证,相关结果见表 8-15。

ZTS-10 沥青混合料性能   表 8-15

测试项目	测试值	技术要求
残留稳定度(%)	90.7	≥80
冻融劈裂残留强度比(%)	92.8	≥80
动稳定度(次/mm)	3648	≥3000
飞散损失(%)	3.5	<5
低温弯曲微应变(10^{-6})	4263	≥3000

由表 8-15 可知,ZTS-10 沥青混合料的残留稳定度和冻融劈裂残留强度比均超过 90%,具有优良的水稳定性能,这对于超薄罩面抵抗水损和飞散具有显著作用,也进一步验证了 ZTS 对沥青黏结性能的提升作用。虽然超薄罩面的力学强度不作为重要考虑因素,但 ZTS-10 沥青混合料的动稳定度超过 3000 次/mm,表明其耐高温变形能力良好,完全满足表面功能层的力学要求。尤其是 ZTS-10 沥青混合料低温弯曲微应变超过 4000×10^{-6},显著优于现有各类改性沥青混合料的低温性能,这赋予了 ZTS 高弹抗裂超薄罩面优良的抗低温及抗疲劳开裂能力。

8.4.4 薄层罩面施工

ZTS 高弹抗裂超薄罩面的施工应按照 5.2 节的"温拌薄层罩面生产及运输"及 5.3 节的"温拌薄层罩面现场施工"指导其混合料的拌和、运输、摊铺、压实及接缝处理的过程。

8.4.5 施工结论

试验路段通车后路面平整,抗滑性能优良,行车舒适。通车后的路面状况如图 8-11 所示。通车 12d 后对路面进行了检测,路面压实度、渗水系数、构造深度、摩擦系数指标良好,结果见表 8-16。

ZTS-10 薄层罩面性能   表 8-16

测试桩号	测试时间	压实度(%)	渗水系数(mL/min)	构造深度(mm)	摩擦系数(BPN)
K2 + 950		97.2	111	0.91	74
K3 + 060	工后 12d	98.2	97	0.86	69
K3 + 200		97.1	100	0.88	72

图 8-11　试验段通车后路面

　　ZTS 耐久型罩面技术采用直投式 ZTS 高弹抗裂添加剂,解决了以往超薄罩面技术必须用特种改性沥青的问题,使用方便快捷。经 ZTS 改性后的沥青及沥青混合料性能均有大幅提升。尤其在低温性能方面,ZTS 耐久型罩面具有显著优势,同时 ZTS 高弹抗裂添加剂能够显著改善沥青及沥青混合料的综合黏结性能,这对于提升超薄罩面的变形协调能力、抗水损害及抗开裂能力均具有积极作用。

　　ZTS 耐久型罩面混合料施工和易性好,对混合料拌和、摊铺和碾压等工艺要求相对降低,更利于施工人员对质量的把控;同时 ZTS 耐久型罩面混合料低碳环保,更有利于超薄罩面技术的推广应用。实际应用效果表明,ZTS 耐久型罩面综合性能完全满足现有路面技术要求,后期将对该试验路段进行长期跟踪,以评估 ZTS 耐久型罩面技术的耐久性。

第9章

常温技术应用案例

9.1 HVE 超黏磨耗层

9.1.1 工程概况

某绕城公路全长 132.5km，为全封闭全立交公路，路线自 2006 年投入运营以来，在重载交通以及高温多雨气候的综合作用下，沥青路面先后出现沉降、坑槽、裂缝、车辙等病害，路面抗滑稳定性及摩擦系数均显著降低。为及时处治以上病害，尽快恢复路用性能，延长路面使用寿命，管理部门决定对病害较为严重的 K113 + 114 ~ K116 + 120 上行段、K116 + 356 ~ K117 + 841 上行段、K043 + 116 ~ K110 + 269 下行段、K198 + 000 ~ K201 + 064 下行段路面实施超黏磨耗层罩面封层养护工艺[74]。

9.1.2 原材料要求

（1）乳化沥青。

HVE 超黏磨耗层由复合改性乳化沥青、集料、玻璃纤维以及抗剥落剂组成，其中 HVE 特种复合改性乳化沥青由 BCR 改性乳化沥青制得，两者的性能对比见表 9-1。根据表中对比，

HVE 特种复合改性乳化沥青的软化点、延度、弹性恢复、拉拔强度、动力黏度及旋转黏度等指标均明显优于 BCR 改性乳化沥青。

改性乳化沥青性能对比　　　　　　　　　　表 9-1

指标项目	BCR 改性乳化沥青	HVE 特种复合改性乳化沥青
固含量(%)	≥60	≥60
针入度(0.1mm)	40～100	40～100
软化点(℃)	≥53	≥80
延度(cm)	≥20	≥35
溶解度(%)	≥97.5	≥97.5
弹性恢复(%)	—	≥95
拉拔强度(MPa)	—	≥1.0
动力黏度(Pa·s)	—	≥2000
旋转黏度(Pa·s)	—	≥6

（2）集料。

HVE 超黏磨耗层粗集料主要采用粒径为 2.36～4.75mm、4.75～9.5mm 的硬质耐磨偏碱性反击破加工碎石料。集料性能检测结果见表 9-2。

集料性能检测结果　　　　　　　　　　表 9-2

指标项目	粒径(mm)			规范值
	0～2.36	2.36～4.75	4.75～9.5	
表观密度(t/m³)	2.921	2.920	2.939	≥2.6
吸水率(%)	1.41	0.74	0.41	≤2.0
压碎值(%)	—	9.2	—	≤26
洛杉矶磨耗值(%)	—	12.4	—	≤28
坚固性(%)	2.28	0.72	0.49	≤12
针片状颗粒含量(%)	—	—	7.1	≤15
砂当量	72.5	—	—	≥65

（3）玻璃纤维。

本工程采用特克斯数 2400kg/km 的卷轴式纤维盘包装的喷射无捻粗砂玻璃纤维材料。为确保施工期间玻璃纤维材料能够连续供应,必须采用气流接头连接玻璃纤维材料堆积纱团,该工程纤维用量控制在 240～260g/m² 范围内,纤维长度分为 30mm、60mm、120mm 三种,结合试验结果,60mm 长度的纤维封层效果最佳。

（4）抗剥落剂。

本公路养护工程抗剥落剂掺量按照沥青质量的 0.3%～0.5% 进行添加。

9.1.3 配合比设计

(1)级配确定。

该工程以粒径 5~10mm 的玄武岩碎石料为粗集料,并将粒径 3~5mm 的玄武岩碎石和粒径 0~3mm 的玄武岩石粉按照设计比混合成相应规格的细集料,级配曲线具体如图 9-1a)所示,结合负荷轮碾压试验和湿轮磨耗试验,最佳油石比曲线如图 9-1b)所示。

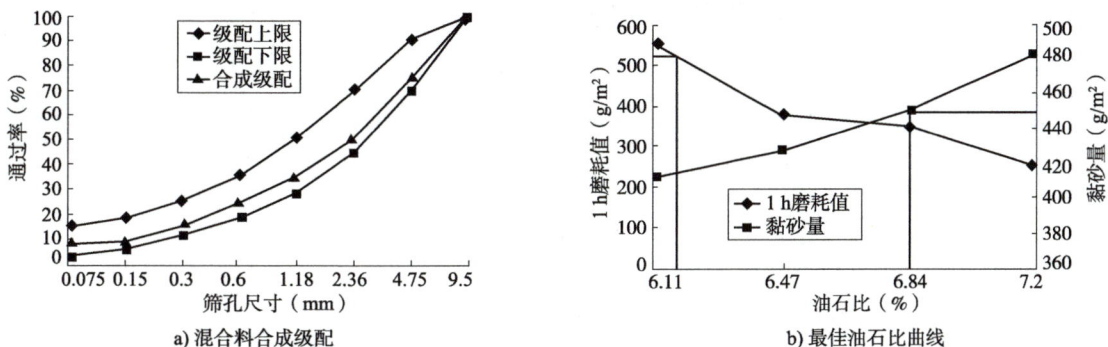

图 9-1 超黏磨耗层配合比设计

(2)最佳油石比。

在改性乳化沥青用量依次为 9.5%、10%、10.5%、11%、11.5% 时,对应的油石比为 5.94%、6.25%、6.56%、6.85% 及 7.19%,纤维掺量为 0.15%,水泥掺量为 1.5%,进行 1h 的负荷轮黏砂试验和湿轮磨耗试验,试验结果具体见表 9-3,对应的最佳油石比曲线具体如图 9-1b)所示。由图 9-1b)可知,满足规范要求的油石比范围为 6.0%~7.1%,结合试验段施工效果及类似工程实践经验,选定 6.5% 的最佳油石比。在此基础上以该最佳油石比开展 6d 车辙试验宽度变化率及湿轮磨耗试验,结果表明,负荷轮黏砂量为 3.1g/m²,湿轮磨耗值为 432.1g/m²,均满足要求。

不同油石比下的黏砂值和磨耗值 　　　　　　表 9-3

油石比(%)	5.94	6.25	6.56	6.85	7.19	规范值
负荷轮黏砂试验(g/m²)	150.4	185.7	213.4	276.5	398.4	≤4000
湿轮磨耗试验(g/m²)	422.1	321.2	251.4	201.3	184.6	≤350

9.1.4 薄层罩面施工

HVE 超黏磨耗层的施工应按照 6.2 节的"路面摊铺施工"及 6.3 节的"验收标准"指导其混合料的拌和、运输、摊铺、压实及验收标准。

9.1.5 应用效果检测

养护处治前,该路面沥青膜脱落严重,集料部分脱落,施工后这种现象得到明显改善,路面平整度也明显提高。在该沥青路面超黏磨耗层施工后通车运行约 1 个季度、1 年及 3 年时使用多功能系数车对路段平整度、摩擦系数、车辙深度等展开测试,得到养护后的路面行驶质量指数,达到 98.8,比原沥青路面 91.6 的质量指数值高,其余结果见表 9-4。结合现有文献分析结果,传统微表处对于沥青路面平整度基本无明显改善,而应用超黏磨耗层技术后路面平整度明显提升,降噪效果也较优。从检测结果来看,采用 HVE 超黏磨耗层养护处治的沥青路面运行过程中性能衰减较为缓慢,运行 3 年后与竣工后相比,沥青路面平整度、摩擦系数及构造深度降低程度仅为 3.16%、2.94% 和 2.37%。

各项路用性能检测结果 表 9-4

项目	检测时间	超车道	上行行车道	下行行车道
平整度(mm)	养护施工前	0.89	1.10	1.12
	竣工后	0.95	1.17	1.15
	运行 1 个季度后	0.93	1.16	1.15
	运行 1 年后	0.93	1.15	1.15
	运行 3 年后	0.92	1.15	1.14
摩擦系数	养护施工前	56	52	52
	竣工后	65	63	64
	运行 1 个季度后	64	62	62
	运行 1 年后	63	62	62
	运行 3 年后	63	61	61
车辙深度(mm)	养护施工前	4.3	5.2	10.6
	竣工后	3.4	5.3	8.4
	运行 1 个季度后	3.3	5.2	8.3
	运行 1 年后	3.2	5.2	8.2
	运行 3 年后	3.2	5.1	8.1

9.1.6 施工结论

超黏磨耗层混合料设计时,可在乳化沥青中掺加一定比例的玻璃纤维,以增强混合料稳定性;根据负荷轮黏砂试验及湿轮磨耗试验确定最佳油石比为 6.5%。由对养护施工前后路面各项性能指标的检测可知,超黏磨耗层处治技术对病害沥青路面车辙深度及平整度的影响和改善程度较小,而对裂缝、抗滑性及其余表面病害的处治效果十分显著。结合工程应用结果,HVE 超黏磨耗层养护处治技术对于路面表面老化严重、抗滑磨耗层薄弱、车辙深度大、裂缝多、路面坑洼需预先修补以及局部路面需要补强的病害路段较为适用[87]。

9.2 复合式冷拌树脂碎石薄层罩面

9.2.1 工程概况

某大桥地处受台风影响频繁的海域,年平均降雨日高达 200d,达到全年的 60% ,年平均降水量高达 1800mm。大桥于 2009 年 12 月 25 日通车运营,采用 5.5cm 厚双层环氧铺装结构,周边气候相对潮湿,容易造成铺装层的水损坏,降低铺装使用性能。雨天行车桥面容易出现一层水膜,高速车辆行驶在潮湿的桥面上容易出现"打漂"现象,同时低温伴有水雪结冰,车辆行驶存在侧滑和制动失控等安全隐患,因此要求钢桥面铺装层具有良好的抗滑性、安全性。该大桥环氧沥青铺装经过近 10 年的使用,铺装表面产生大量集中微裂缝,主要表现为横向裂缝、纵向裂缝、鸡爪形裂缝等。

为此,针对以上问题,本项目提出高韧性树脂薄层罩面预防性养护,并对该大桥环氧铺装集中微裂缝进行封闭养护,提升了铺装使用耐久性,对跨海大桥钢桥面环氧沥青铺装预防性养护具有重要的指导和借鉴意义[45]。

9.2.2 原材料要求

(1)施工和易性。

考虑到大跨径桥梁交通封闭压力较大,预防性养护的施工养护时间应较短,能快速开放交通;应有较长的施工可操作时间,避免胶料混合后过早反应,给施工带来困难;同时要求环氧树脂具有较低的初始黏度,以便于施工。本项目的环氧树脂施工和易性见表 9-5。

环氧树脂施工和易性 表9-5

名称	试验温度(℃)	初始黏度(Pa·s)	可操作时间(min)	固化时间(h)
高韧性树脂	23	1.500	50	4
渗透性树脂		0.600	150	6

(2)强度。

树脂罩面应与环氧沥青铺装有较高的黏结强度,施工后应与环氧沥青铺装形成整体,使用后不易出现起皮、剥离病害。为了评估其与环氧沥青铺装的黏结性能,本项目采用拉拔试验评价下层渗透性树脂与环氧沥青铺装表面的黏结能力,并同时对比国内常用的沥青材料,试验结果如图 9-2 所示。

由图 9-2 可知,环氧树脂类材料与环氧沥青铺装表面具有较高的黏结强度。其中渗透性环氧树

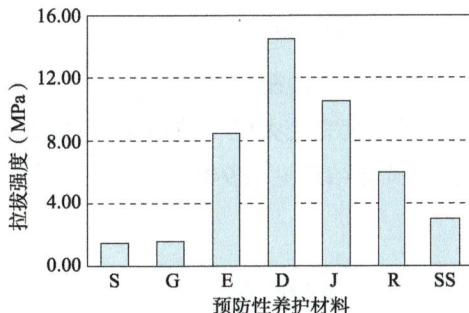

图9-2 预防性养护材料与环氧沥青混凝土的黏结强度对比

脂(以代号 D 表示)与环氧沥青混凝土的拉拔强度最高,达到约 14MPa;其他诸如 E 型环氧树脂、R 型树脂沥青等高分子材料与环氧沥青混凝土的拉拔强度分别达到约 8MPa、10MPa 和 5MPa。而常规路面用雾封层材料,如 G 型和 S 型沥青、SS 型(Star Seal)雾封层,其与环氧沥青混凝土的拉拔强度则分别只有约1.5MPa 和 2.7MPa。

(3)变形性能。

树脂罩面应具有较强的变形能力,从而协同钢桥面铺装荷载下的变形,避免刚性过大发生损坏。本项目参照《硫化橡胶或热塑性橡胶 拉伸应力应变性能的测定》(GB/T 528—2009),对渗透性树脂和高韧性树脂进行常温 23℃ 的断裂拉伸试验,结果见表 9-6。渗透性树脂和高韧性树脂在常温 23℃ 下的拉伸强度分别达到 21.20MPa 和 10.84Mpa,断裂延伸率分别达到95% 和 125%,都具有较高的抗裂强度和良好的变形能力。

断裂拉伸试验结果   表 9-6

名称	试验温度(℃)	拉伸强度(MPa)	断裂延伸率(%)
高韧性树脂	23	10.84	125
渗透性树脂		21.20	95

(4)结构增强性能。

本项目采用高韧性树脂罩面试件进行了小梁弯曲的对比试验,见表 9-7。结果表明,高韧性树脂罩面试件对混合料的抗裂性能有明显提高,弯拉强度提高了 2 ~ 4 倍,极限破坏应变提升 2 ~ 3 倍,其低温(– 10℃)小梁弯曲应变可达到 30000 及以上,弯曲破坏强度可达到72MPa。

弯拉性能试验结果   表9-7

试验温度(℃)	方案	极限破坏应变	弯拉强度(MPa)
5	无罩面	55655	310.0
	高韧性树脂罩面	93766	648.94
– 10	无罩面	9049	25.32
	高韧性树脂罩面	35688	72.37

(5)抗滑性能。

环氧沥青混凝土属于悬浮密实型混合料,铺装表面的构造深度较小,抗滑性能较差。而树脂罩面具有较大的构造深度,可以大幅提高环沥青铺装的抗滑性能,提高行车安全性和舒适性,试验结果见表 9-8。

抗滑试验结果   表 9-8

名称	构造深度(mm)	摆值(BPN)
环氧沥青混凝土	0.35	52 ~ 58
树脂罩面	0.98	70 ~ 90

由表9-8可知,树脂罩面的构造深度达到1mm左右,雨天行车不易形成水漂和起雾,摆式摩擦系数可达到80及以上,可大幅提高抗滑性能,从而缩短行车制动距离,提高交通安全性。同时,树脂罩面具有一定的抗冰冻效果,表面裸露的、均匀排列的碎石在荷载作用下形成了应力集中点,在雨雪天气情况下,铺装表面不易积雪积冰,对雨雪天气下的行车安全具有一定程度的保障作用。

(6)耐磨性能。

该大桥目前交通量大,预防性养护罩面应具有较强的耐磨性能,尤其是其表面裸露的碎石应能抵挡重车轮胎的反复磨耗。考虑到目前没有关于树脂罩面耐磨性试验规范,本项目采用稀浆封层的湿轮磨耗试验方法评价。经过现场试验检测可知,罩面层没有发生磨损,未出现起皮、碎石飞散的病害,而湿轮磨耗试验机的胶轮在试验中磨损较为严重。可见,其耐磨性远远高于一般的沥青类预防性养护材料,可满足桥面铺装耐磨性能的要求。

(7)碎石。

应选择棱角较多、与沥青黏附性好的材料,可以使用少量人工砂,但不能混入黏土、灰尘等有害物质,其细集料的主要技术性能指标应满足表2-24中的高速公路及一级公路的技术要求。

9.2.3 薄层罩面施工

复合式冷拌树脂碎石薄层罩面的施工应按照6.2节的"路面摊铺施工"及6.3节的"验收标准"指导罩面的拌和、运输、摊铺、压实及验收标准。

9.2.4 效果跟踪观测

该大桥高韧性树脂薄层罩面于2018年4月进行试验段施工,经1年运营,目前罩面外观完好,铺装层颜色均一,表面平整,表层未出现起皮、掉粒、剥落现象,且罩面表面未出现反射裂缝。

如图9-3和图9-4所示,分别采用铺砂法和摆式仪对大桥不同铺装段落进行抗滑性能检测。高韧性树脂薄层罩面相比原铺装、双层浇筑、沥青罩面段落,构造深度TD和摩擦系数均有所提升,TD值均在1mm以上,BPN值均在60以上。这表明高韧性树脂薄层罩面大幅提高了铺装抗滑性能,从而缩短了行车制动距离,提高了交通安全性。

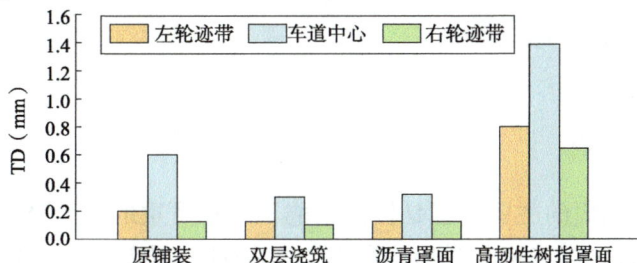

图9-3 大桥不同段落构造深度检测结果

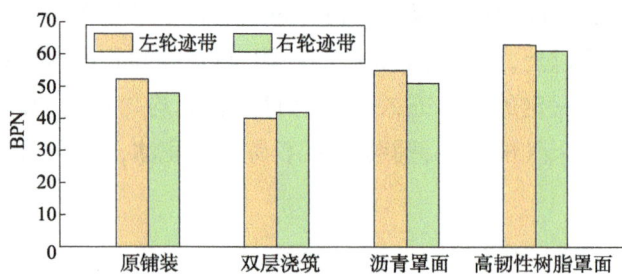

图 9-4 大桥不同段落摩擦系数检测结果

9.2.5 施工结论

（1）高韧性树脂薄层罩面结构由高渗透性环氧树脂碎石封层 + 高韧性树脂碎石封层组成，总厚度 3～5mm，基本不增加桥面恒载，可有效抑制铺装表面裂缝，具有一定的强度、变形性能和较好的黏结性能，不但提供了树脂自身较优异的抗裂性，还保证了其协同钢桥面铺装的变形能力，且在荷载作用下，不易起皮脱层。

（2）下层高强高渗透树脂渗透深度达到 37mm，与铺装的黏结强度超过 14MPa，可愈合原道桥铺装的已有裂缝和空隙；上层高韧性树脂断裂延伸率达到 125% 及以上，具有较高的抗裂强度和一定的协同钢桥面铺装变形的能力。

（3）采用高韧性树脂罩面相比原桥面弯拉强度提高了 2～4 倍，极限破坏应变提升 2～3 倍。可以恢复铺装结构强度，延长铺装使用寿命 3 年以上。

（4）施工方便快速，养护时间短，施工养护时间只需 5～6h，可以当天养护当天开放交通，甚至实现夜间养护、早间开放交通。

（5）高韧性树脂罩面具有一定的抗冰冻效果，表面裸露的、均匀排列的碎石，在荷载作用下形成了应力集中点，可起到一定的破冰作用，雨雪天气铺装表面不易产生水漂，对极端天气下的行车安全具有很好的保障作用。

（6）大桥钢桥面高韧性树脂薄层罩面试验段经过一年的运营使用，总体使用性能良好，铺装裂缝得到有效封闭，延缓了裂缝扩展；表面抗滑耐磨耗性能得到大幅度提升，构造深度 TD 在 1mm 以上，摆式摩擦系数在 60 以上，均高于其他铺装段落检测值，达到了预期的养护目的。

9.3 降噪抗滑薄层罩面

9.3.1 工程概况

某高速公路沥青路面的主要病害是抗滑性能不足和严重的路面磨光，局部出现横纵向的裂缝，病害主要出现在部分超车道和行车道。据 2021 年统计，该高速公路需要预防和养护路面超过 55 万 m²。

首先,针对抗滑性能不足和路面磨光的路段需要清理路面,之后进行裂缝预处治,然后加铺降噪抗滑薄层罩面对路面进行治理。在加铺罩面之前要先对路面进行清洁,保证路面清缝、灌缝之后完好,确保养护罩面和原路面的黏结[88]。

9.3.2 混合料拌和

降噪抗滑薄层罩面混合料由复合改性乳化沥青、粗细集料、矿粉、水泥、纤维及水组成,相关原材料要求如2.3节中的"降噪抗滑薄层罩面"。根据设计的冷拌冷铺薄层级配,进行配合比设计,1号冷拌冷铺层最佳配比为集料:乳化沥青:水:水泥 = 100:7:1.8:1,2号冷拌冷铺层最佳配比为集料:乳化沥青:水:水泥 = 100:7:1:9:1。同时,为了保证试验条件的一致性,降低胶结料用量对路用性能的影响,设置冷拌冷铺纤维薄层的最佳油石比为7%,其所有冷拌冷铺薄层的最佳配合比见表9-9(引用于表3-29)。

冷拌冷铺薄层最佳配合比 表9-9

类型	纤维掺量(%)	矿料(%)	油石比(%)	外加水(%)	水泥(%)
1号冷拌冷铺薄层	0	100	7.0	1.8	1
	0.1	100	7.0	1.8	1
	0.2	100	7.0	1.7	1
	0.3	100	7.0	1.6	1
2号冷拌冷铺薄层	0.0	100	7.0	1.9	1
	0.1	100	7.0	1.8	1
	0.2	100	7.0	1.7	1
	0.3	100	7.0	1.6	1

9.3.3 薄层罩面施工

降噪抗滑薄层罩面的施工应按照6.2节的"路面摊铺施工"及6.3节的"验收标准"指导罩面的拌和、运输、摊铺、压实及验收标准,但在施工过程中应做好质量控制。

(1)控制摊铺速度。

一般需保持摊铺速度6~10m/min,且将摊铺厚度控制在设计范围内。摊铺环节需对横向接缝、纵向接缝妥善处治,并严密监测成浆状态,确保缝隙平整顺直且符合施工规范。

(2)加强质量检测。

需严格控制原材料质量,优中选优,与符合施工标准的材料生产厂家建立合作关系。材料进场前需提供合格证,并由现场人员核对材料规格、型号是否准确,进行抽样检测,确保材质质量符合设计规范,质量不达标的材料严禁进场。

(3)控制冷再生沥青混合料质量。

需将大颗粒集料完全覆盖,且小集料无流浆现象。

（4）严格控制摊铺质量。

根据施工工艺参数控制破乳时间,科学调配机械设备,确保规定时间内压实路面,准确掌握工况进度,切实保障沥青混合料摊铺质量,改善压实平整度指标。

（5）在适宜的天气条件下施工,雨雪天气严禁施工。

注意施工天气的同时,需严密监测施工温度。环境温度不足10℃或基层温度不足15℃则需暂缓施工,温度达标后方可再次施工。完成摊铺后需进行养护,现场检测结果显示含水率低于2%时方能进行上层摊铺。

9.3.4 应用效果及跟踪观测结果

该高速公路待施工区域55万 m²,拟实施降噪抗滑薄层罩面处理。根据相关技术参数,合理选择原材料并进行配合比优化,碎石的各项物理特性指标应满足表2-22～表2-24中高速公路及一级公路表面层的质量技术要求。

对该高速公路薄层罩面施工区域进行3年的实时监测,结合现行《公路路基路面现场测试规程》(JTG 3450)进行全面数据提取,检测指标包括结构深度、抗水性能、摆值等。选择3段连续的1km路段,每段选取3个监测点,获取3个监测点不同的检测项目数据后取均值。施工路段的降噪抗滑薄层罩面跟踪检测结果见表9-10。

施工路段的降噪抗滑薄层罩面跟踪观测结果 表9-10

时间(月)	脱落情况	渗水系数(mL/min)	构造深度(mm)	噪声(dB)	摆值
1	无	0	0.661	67.12	48.01
12	无	0	0.643	66.73	47.12
24	无	0	0.624	65.41	46.73
30	无	0	0.612	65.21	46.29

由表9-10可知,竣工后3年内,降噪抗滑薄层罩面处理的路段未出现脱落、开裂等质量病害,运营后噪声明显降低,降低幅度为10～15dB,表明降噪抗滑薄层罩面技术的降噪性能可观。施工后运行3年内,该项目薄层罩面表面平整,无裂缝、脱离情况且接缝顺直,现场观感、数据监测均无异常情况,表明降噪抗滑薄层罩面性能优越,可推广性突出。

9.3.5 施工结论

综上所述,针对普通微表处方案行车噪声大、抗滑能力较低的缺点,本项目对降噪抗滑薄层罩面技术的应用效果进行研究,对施工细节技术指标、级配范围、施工质量控制等进行了重点分析。本项目采集高速公路降噪抗滑薄层罩面施工的案例分析和项目运行3年内的现场实测信息数据,结果显示降噪抗滑薄层罩面降低路面噪声的性能突出,在改善高速公路路面噪声指标的同时,还可有效提升薄层罩面抗水损、抗滑性及耐久性水平。由此可见,降噪抗滑薄层罩面技术在高速公路质量病害处治方面的适用性较强,可为相关项目工程提供技术参考[89]。

附录

道路石油沥青技术要求

指标	单位	等级	160号	130号	110号	90号	70号	50号	30号	试验方法
针入度(25℃,5s,100g)	0.1mm		140~200	120~140	100~120	80~100	60~80	40~60	20~40	JTG E20—2011 T0604
适用的气候分区			—	—	2-1,2-2,3-2	1-1 1-2 1-3 2-2 2-3	1-3 1-4 2-2 2-3 2-4	1-4	—	—
针入度指数 PI		A	-1.5~+1.0（各标号相同）							JTG E20—2011 T0604
		B	-1.8~+1.0（各标号相同）							
软化点(不小于)	℃	A	38	40	43	45	46	49	55	JTG E20—2011 T0606
		B	36	39	42	43	44	46	53	
		C	35	37	41	42	43	45	50	
60℃动力黏度(不小于)	Pa·s	A	—	60	120	160 / 140	180 / 160 / 140	200	260	JTG E20—2011 T0620
10℃延度(不小于)	cm	A	50	50	40	30 / 20 / 20 / 20 / 20	25 / 20 / 20 / 15 / 15	15	10	JTG E20—2011 T0605
		B	30	30	30	20 / 15 / 15 / 15 / 15	20 / 15 / 15 / 10 / 10	10	8	
15℃延度(不小于)	cm	A、B	100（各标号相同）					80	50	
		C	80	80	60	50	40	30	30	
蜡含量(蒸馏法)(不大于)	%	A	2.2（各标号相同）							JTG E20—2011 T0615
		B	3.0（各标号相同）							
		C	4.5（各标号相同）							

续上表

指标	单位	等级	沥青标号							试验方法
			160号	130号	110号	90号	70号	50号	30号	
闪点(不小于)	℃		230	230	230	245	260	260	260	JTG E20—2011 T 0611
溶解度(不小于)	%		99.5							JTG E20—2011 T 0607
密度(15℃)	g/cm³		实测记录							JTG E20—2011 T 0603
TFOT(或RTFOT)后 质量变化(不大于)	%		±0.8							JTG E20—2011 T 0610/T 0609
残留针入度比(25℃)(不小于)	%	A	48	54	55	57	61	63	65	JTG E20—2011 T 0604
		B	45	50	52	54	58	60	62	
		C	40	45	48	50	54	58	60	
残留延度(10℃)(不小于)	cm	A	12	12	10	8	6	4	—	JTG E20—2011 T 0605
		B	10	10	8	6	4	2	—	
残留延度(15℃)(不小于)	cm	C	40	35	30	20	15	10	—	JTG E20—2011 T 0605

附表 1-2

聚合物改性沥青技术要求

| 指标 | 单位 | SBS类（I类） | | | | SBR类（II类） | | | EVA、PE类（III类） | | | | 试验方法 |
		I-A	I-B	I-C	I-D	II-A	II-B	II-C	III-A	III-B	III-C	III-D	
针入度（25℃，5s，100g）	0.1mm	>100	80~100	60~80	40~60	>100	80~100	60~80	>80	60~80	40~60	30~40	JTG E20—2011 T 0604
针入度指数 PI（不小于）		-1.2	-0.8	-0.4	0	-1.0	-0.8	-0.6	-1.0	-0.8	-0.6	-0.4	JTG E20—2011 T 0604
延度（5℃，5cm/min）（不小于）	cm	50	40	30	20	60	50	40	—				JTG E20—2011 T 0605
软化点（不小于）	℃	45	50	55	60	45	48	50	48	52	56	60	JTG E20—2011 T 0606
运动黏度（135℃）（不大于）	Pa·s						3						JTG E20—2011 T 0625
闪点（不小于）	℃			230			230				230		JTG E20—2011 T 0611
溶解度（不小于）	%			99			99				—		JTG E20—2011 T 0607
弹性恢复（25℃）（不小于）	%	55	60	65	75		—				—		JTG E20—2011 T 0662
黏韧性（不小于）	N·m			—			5				—		JTG E20—2011 T 0624
韧性（不小于）	N·m			—			2.5				—		JTG E20—2011 T 0624
储存稳定性离析（48h 软化点点差）（不大于）	℃			2.5					无改性剂明显析出、凝聚				JTG E20—2011 T 0661

续上表

指标		单位	SBS类（I类）				SBR类（II类）			EVA、PE类（III类）				试验方法
			I-A	I-B	I-C	I-D	II-A	II-B	II-C	III-A	III-B	III-C	III-D	
TFOT（或RTFOT）后残留物	质量变化（不大于）	%	±1.0											JTG E20—2011 T 0610/T 0609
	针入度比（25℃）（不小于）	%	50	55	60	65	50	55	60	50	55	58	60	JTG E20—2011 T 0604
	延度（5℃）（不小于）	cm	30	25	20	15	30	20	10	—				JTG E20—2011 T 0605

参 考 文 献

[1] 徐剑,黄颂昌.沥青路面预防性养护理念与技术[M].北京:人民交通出版社,2011.

[2] 汪红艳.预防性养护技术在现代公路养护中的应用研究[J].运输经理世界,2024(2):104-106.

[3] 中国公路工程咨询集团有限公司.公路养护技术标准:JTG 5110—2023[S].北京:人民交通出版社股份有限公司,2023.

[4] 赵全满,刘朝晖,姚向发,等.基于层次分析法的高速公路沥青路面预防性养护决策模型[J].公路,2023,68(9):381-387.

[5] 汪莹,蒋玲.公路病害识别与处治 大中专理科交通[M].北京:人民交通出版社股份有限公司,2017.

[6] 张春安,田智鹏.基于高等级公路沥青路面的预防性养护决策研究[J].公路工程,2019,44(6):77-80,85.

[7] 苏卫国,戴民松.基于沥青路面使用性能衰变规律的高速公路预防性养护计划研究[J].公路工程,2020,45(5):174-179.

[8] 河南交通投资集团有限公司.高速公路沥青路面预防性养护技术规范:DB 41/T 894—2024[S].北京:人民交通出版社,2024.

[9] 童宇,王春龙,刘信才.沥青路面预防性养护策略及其典型技术评价[M].北京:人民交通出版社股份有限公司,2022.

[10] 施彦,凌天清,崔立龙,等.沥青路面预防性养护评价标准及决策优化研究[J].公路交通科技,2020,37(10):25-34,56.

[11] BELLANGER J,BROSSEAUD Y,GOURDON J L. Thinner and Thinner Asphalt Layers for the Maintenance of French Roads[J]. Transportation Research Record,1992.

[12] 法国标准协会.沥青混合料 材料规范 第9部分:超薄层沥青(AUTL):NF P98-819-9:2016[S].2016.

[13] 付菁.SMA 在欧洲的应用[J].国外公路,1998,(1):48-52.

[14] BROWN E R. Designing stone matrix asphalt mixtures for rut-resistant pavements[M]. National Academies Press,1999.

[15] COOLEY L,BROWN E R. Potential of using stone matrix asphalt for thin overlays[J]. Transportation research record,2001,1749(1):46-52.

[16] MERCER J,NICHOLLS J C,POTTER J F. Thin Surfacing Material Trials in the United Kingdom[J]. Transportation Research Record,1994(1454):1-8.

[17] 曹卫东,沈建荣,韩恒春.超薄沥青混凝土面层技术研究及应用简介[J].石油沥青,2005(4):56-59.

［18］KANDHAL P S,MALLICK R B. Open graded friction course：state of the practice［J］. Transportation Research Board Circular,1998.

［19］KANDHAL P S,LOCKETT L. Construction and performance of ultrathin asphalt friction course［J］. ASTM Special Technical Publication,1997,1348：81-95.

［20］TSAI B W,HARVEY J T,MONISMITH C L. Evaluation of open-graded friction course（OG-FC）mix design：Summary version［J］. Open Graded Aggregates,2012.

［21］COOPER S B,MOHAMMAD L N. Novachip surface treatment：six year evaluation［J］. Louisiana Transportation Research Center,2004.

［22］沙庆林.多碎石沥青混凝土 SAC 系列的设计与施工［M］.北京：人民交通出版社,2005.

［23］刘朝晖,沙庆林.超薄层沥青混凝土 SAC-10 矿料级配比较试验研究［J］.中国公路学报,2005(1)：11-17.

［24］北京市市场监督管理局.道路超薄罩面施工技术规范：DB11/T 1590—2018［S］.北京：人民交通出版社股份有限公司,2019.

［25］唐伟,詹贺,王钰莹,等.MP-5 薄层罩面在水泥混凝土桥面"白改黑"中的应用研究［J］.大连交通大学学报,2020,41(3)：87-92.

［26］朱浩然,刘林林,刘爱华,等.高性能超薄层罩面 TOL-10 沥青混合料设计与工程应用［J］.西部交通科技,2020(2)：64-67.

［27］王慧峰.高摩阻薄层罩面材料设计与技术性能研究［D］.西安：长安大学,2017.

［28］江财峰.薄层罩面沥青混合料功能特性与层间性能研究［D］.广州：华南理工大学,2022.

［29］尚庆芳,田俊壮,牛昌昌,等.SBS 改性乳化沥青黏层材料的剪切性能［J］.筑路机械与施工机械化,2017,34(11)：77-80,85.

［30］CORTINA A S. Optimization of in-situ tack coat application rate and installation［D］. Urbana-Champaign：University of Illinois,2012.

［31］BROWN E R,HEITZMAN M. Thin HMA overlays for pavement preservation and low volume asphalt roads［J］. NAPA Education and Research Foundation,2013：13-05.

［32］KRUNTCHEVA M R,COLLOP A C,THOM N H. Effect of bond condition on flexible pavement performance［J］. Journal of transportation engineering,2005,131(11)：880-888.

［33］曹建新,张京锋,任民.高性能薄层罩面在沥青路面预养护中的应用［J］.筑路机械与施工机械化,2020,37(9)：76-82.

［34］郑健龙.基于结构层寿命递增的耐久性沥青路面设计新思想［J］.中国公路学报,2014,27(1)：1-7.

［35］田健君.基于薄层罩面的层间材料粘结效果评价［D］.上海：同济大学,2014.

［36］李宁,刘伟.OGFC 在沥青路面养护中的适用性研究［J］.现代交通技术,2011,8(5)：12-14,38.

[37] 王洋.高速公路养护中 SMA-10 超薄磨耗层应用分析[J].城市建设理论研究(电子版),2024(3):154-156.

[38] 曹胜,石红星,王联芳,等.Thus-12 极薄磨耗层的路用性能研究[J].市政技术,2016,34(4):181-184.

[39] 菅瑞海.解析 Novachip 超薄磨耗层的高速公路沥青路面养护技术[J].黑龙江交通科技,2021,44(1):55,57.

[40] 于宏昌.NovaChip 超薄罩面技术在机场高速公路的应用[J].四川建材,2023,49(3):128-129,147.

[41] 李振,王春明,刘涛,等.超薄罩面混合料 UTAC-10 在城市道路中的应用[J].市政技术,2016,34(1):27-30.

[42] 沈伯锋.ECA-10 薄层罩面技术在高速公路养护维修工程中的应用[C]//中国公路学会养护与管理分会,招商局重庆交通科研设计院有限公司,重庆万通科技发展有限公司.中国公路学会养护与管理分会第九届学术年会论文集.甘肃省金昌公路管理局,2019:275-285.

[43] 王福山.温拌沥青混凝土薄层罩面技术在路面修复中的应用[J].智能城市,2018,4(7):139-140.

[44] 郭丹,刘胜春.HVE 超黏磨耗层在高速公路养护中的应用[J].交通世界,2021(13):21-22.

[45] 叶李水,畅卫杰,闻洁静,等.高韧性树脂薄层罩面在跨海大桥钢桥面环氧沥青铺装预防性养护中的应用研究[J].上海公路,2020(1):9-14.

[46] 张辉,单岗,潘友强,等.环氧沥青钢桥面铺装冷拌改性树脂薄层罩面技术研究[J].交通科技,2016(2):169-172.

[47] 罗镓彬.降噪抗滑冷拌冷铺薄层罩面材料及路用性能研究[D].重庆:重庆交通大学,2023.

[48] 李尚彬.ARC 超韧磨耗层在"白改黑"复合式路面中的应用研究[J].交通科技,2021(2):74-77.

[49] 刘文明,蒋凯,都魁林,等.ZTS 高弹抗裂超薄罩面技术分析及应用[J].市政技术,2022,40(7):62-68.

[50] 石会民,侯俊太.OGFC-13 在高速公路路面施工中的应用[J].交通世界,2024(Z1):119-122.

[51] 王敏华,吴文信,陶小磊,等.SMA-5 超薄磨耗层在高速公路预养护中的应用研究[J].西部交通科技,2021(8):104-107.

[52] 黄裕琳.HVE 超黏磨耗层在公路养护中的应用[J].交通建设与管理,2023(5):172-174.

[53] 张祥雨,潘涛.新型超薄罩面材料在路面预防性养护中的应用[J].江西建材,2023(8):256-258.

[54] 欧阳丁沛,关钰麟.UTAC-8 超薄罩面在公路隧道养护中的应用[J].广东公路交通,2021,47(4):109-112.

[55] 陈宇.ECA-10 薄层罩面技术在路面大中修工程中的应用[J].青海交通科技,2017(3):60-64.

[56] 裴成材.高速公路养护中温拌超薄磨耗层施工技术[J].交通世界,2022(Z2):103-104.

[57] 孙栖梧.NovaChip 加铺沥青混合料性能提升评价[J].交通科学与工程,2023,39(5):84-90.

[58] 张兴军.超薄磨耗层 Novachip 沥青混合料设计方法研究[J].科技视界,2015(30):296-297.

[59] 中华人民共和国交通部.公路沥青路面施工技术规范:JTG F40—2004[S].北京:人民交通出版社,2004.

[60] 崔凯.基于 Novachip 超薄磨耗层的高速公路沥青路面养护技术[J].四川建材,2021,47(11):105-106,108.

[61] 李俊德.DAT 沥青混合料温拌添加剂的应用[J].城市建设理论研究(电子版),2014,(3):1-2.

[62] 田文玉.道路建筑材料[M].北京:人民交通出版社,2006.

[63] 田流.现代高等级路面机械[M].北京:人民交通出版社,2003.

[64] 赵星陆.超薄磨耗层沥青混凝土在公路养护中的应用研究[J].黑龙江交通科技,2017,40(5):179-180.

[65] 陈和芳.Thus 极薄磨耗层罩面施工应用[J].福建交通科技,2021(4):17-21.

[66] 王夫成,袁堂海.公路沥青路面养护机械化[M].济南:山东大学出版社,2009.

[67] 谭忆秋.沥青与沥青混合料[M].哈尔滨:哈尔滨工业大学出版社,2007.

[68] 张宜洛.沥青路面施工工艺及质量控制[M].北京:人民交通出版社,2011.

[69] 陈震,简传龙,王威威,等.薄层罩面施工关键技术及质量控制[J].交通世界,2023(21):87-90.

[70] 张跃.OGFC-7 超薄罩面沥青混合料配比设计与性能研究[D].重庆:重庆交通大学,2023.

[71] 白小伟.沥青薄层罩面用温拌混合料的路用性能探讨[J].交通世界,2023(22):33-36.

[72] 秦艺.高速公路薄层罩面施工技术研究[J].工程机械与维修,2020(5):98-100.

[73] 付宁.试析高速公路沥青路面温拌薄层罩面技术的应用[J].中国高新技术企业,2016(4):90-91.

[74] 吴雅琴.HVE 超黏磨耗层路面养护技术的应用探讨[J].交通世界,2023(12):62-64.

[75] 郭亚辉.OGFC 排水性沥青混凝土路面施工技术研究[J].交通世界,2023(30):47-49.

[76] 王军.OGFC-13 沥青混凝土排水路面在深汕西高速公路改扩建工程中的应用[J].广东公路交通,2023,49(4):23-26,32.

[77] 南雪峰.超薄磨耗层 SMA-10 矿料级配比较试验研究[J].公路,2008(12):160-164.

[78] 张含.SMA-10 超薄磨耗层在公路养护中的应用[J].技术与市场,2022,29(6):111-112.

[79] 杨梅.Thus-12 极薄磨耗层在高速公路路面预防性养护中的应用[J].智能城市,2021,7(16):91-92.

[80] 王志刚.四川成雅高架桥 Thus-12 极薄磨耗层罩面后的表面功能浅析[J].四川水泥,2020(5):160,241.

[81] 罗崴瑜.Nova Chip 超薄磨耗层长期使用性能跟踪分析[J].黑龙江交通科技,2022,45(9):14-18.

[82] 贾荷柱.Nova chip 型罩面沥青混合料的试验研究及应用[J].山东交通科技,2022(2):41-44.

[83] 周俊.广东公路隧道水泥混凝土路面抗滑恢复技术对比研究[D].长沙:长沙理工大学,2022.

[84] 王钱兴,李智.UTAC 薄层罩面在广惠高速公路养护工程中的应用[J].广东公路交通,2021,47(6):13-17.

[85] 张正亮.ECA-10 薄层罩面在界阜蚌高速公路养护中的应用[C]//中国公路学会养护与管理分会,中交公路规划设计院有限公司,中交第三公路工程局有限公司.中国公路学会养护与管理分会第十届学术年会论文集.安徽省交通控股集团有限公司养护管理中心,2020:105-113.

[86] 徐芳媛.高速公路沥青路面养护中温拌薄层罩面技术的应用探析[J].交通世界,2022(30):141-143.

[87] 胡学斌,赖洪田,赖洪平.第三代路面预防性养护表面处治技术:HVE 超粘磨耗层[C]//中国公路学会养护与管理分会,辽宁省交通规划设计院有限责任公司公路养护技术研发中心,公路桥梁诊治技术交通运输行业研发中心(沈阳).公路科学养护及装备技术研讨会论文集.广州昇美材料科技有限公司,2017:54-58.

[88] 郝鹏举.降噪薄层表处技术在沥青路面预防性养护中的应用[J].交通世界,2023(34):63-65.

[89] 邢晓利.沥青表面粘结防护薄层抗滑降噪能力研究[J].山西建筑,2018,44(20):132-133.